JN146422

バーンスタイン
音楽を生きる

L.バーンスタイン×E.カスティリオーネ

西本晃二…監訳 笠羽映子…訳

UNA VITA PER LA MUSICA

Leonard Bernstein × Enrico Castiglione

青土社

バーンスタイン　音楽を生きる

目次

バーンスタイン　音楽を生きる

〔　〕は訳者の補注

UNA VITA PER LA MUSICA
by Leonard Bernstein, Enrico Castiglione
Copyright ©1989, 1991 Enrico Castiglione
©1993, 1998 Editoriale Pantheon Srl, Roma (Italia)
Japanese translation rights arranged with Editoriale Pantheon srl
through Japan Uni Agency, Inc., Tokyo.

序

本書の構想はバーンスタインがローマで、イタリアでは最後のものとなった一連のコンサートを指揮していた一九八九年に生まれた。その本書が陽の目を見ることになったのは今、運命の悲しい皮肉とでもいおうか、一生涯バーンスタインについて回り、ついには彼をこの世から奪い去ることになった、あの肺気腫が、「以後、一切の演奏活動から引退する」と発表して一週間もしないうちに、バーンスタインの命を断ってから、まだ数か月しか経たない今（一九九一）となってしまった。ついでにいえばバーンスタインは、一九四八年以来イタリア、すなわち「ダンテ、ペトラルカと、そしてドメニコ・モドゥーニョ［訳注：イタリアのシンガー・ソング・ライター。『ヴォラーレ』の作曲家として有名］の祖国」で、好んでよく指揮をした。この一九四八年にバーンスタインは初めて、ミラノ市立交響楽団およびローマの聖チェチーリア音楽院管弦楽団——付言すれば、一九八三年にはその名誉総裁になった——の指揮者としてイタリア楽壇に登場した。ついで一九五三年にはスカラ座のオーケストラを指揮して、アメリカ人の指揮者として初めて、このオペラのメッカでデビューしたのだが、この時はカラスと組んで、ケルビーニの『メデア』の歴史的上演を果たしたのである。

そのイタリアで私はバーンスタインを識ったのだが、それはローマで一九八五年六月のこと、彼が聖チェチーリア音楽院管弦楽団を使って、自作の六人の歌手とオーケストラのためのアメリカ詩による歌曲集『ソングフェスト』のイタリア初演を指揮した時が初めての出会いであった。この時以来、私はマエストロの活動をずっと追い続け、時が経つにつれて、数々のインタヴューや対話を行うことができ、その大部分はいろいろな国の新聞や週刊誌、また音楽雑誌に発表されることとなった。

バーンスタインの作曲家および演奏家として——とはすなわち「正真正銘の音楽家」として——の生得の才能よりも前に、まず最初に私を驚かせたのは、その礼儀正しさ、あるいはお好みならば「謙虚さ」であった。それは「批評家」や自分が指揮するオーケストラのメンバーに対して丁寧であるだけでなくて、信じ難いことなのだが、誰であれ近付いて来て、ほんのちょっと自分と言葉を交わそうとする人に対してもそうなのである。「大スター」バーンスタイン——それが友達どうしなら、いとも気易く「レニー」になってしまうのだが——は、「反《アンチ》スター」として振る舞うべくあらゆることをやってのけるのだった。自己の存在についてへりくだった心を抱いている人物が示す、まったく自然な「平たさ」あるいは「気取りのなさ」のみによってレニーは、誰であろうと、人をまず驚かせてしまうのである。何時間も何時間も、時にはまったく際限《きり》さえなく、そして話題がなんであれ、相手が「例の、月並みな答えを要求する、同じくらい月並みな質問」で彼を攻め立てるような人間でさえなければ、バーンスタインが人と話し合う機会を逃すことは絶えてなかった。

とはいえ、とくに晩年になると、バーンスタインは、もはやインタヴューを受けたがらなくなり、生涯の最後の数年はジャーナリストたちとの会見を極端に減らしてしまった。定期的に繰り返される場で、前もって用意された、お定まりの枠組みどうりに、自分自身と自己の芸術について喋らなければならぬというのは、「思っただけでも、もう沢山」というわけだった。それは正に、「永遠の子供」であるバーンスタインの眼に、形式的だと映るものすべてに対する嫌悪の情と同じものだった。たとえバーンスタイン自身が生涯を通じて、自分の生き方になんらかのまとまった形を与えようと努めた——とはいえ、それに成功したとはいえない——にしてもである。

それはともかく、一九八九年、それはバーンスタインがローマで聖チェチーリア音楽院管弦楽団を率いて、クロード・ドビュッシーの『海』を指揮した六月十一日の演奏会の後のことだったが、レニーは私を呼び出し、もろ手を広げ、眼には涙を浮かべて迎えてくれた。演奏の休憩時間に、このコンサートのために私が書いた、彼の「横顔《プロフィール》」を読んだからだった。その「横顔《プロフィール》」の中で、私は彼を「コミュニケーションすることの歓び」(la gioia del comunicare)と定義し、この表現でもって、その音楽家としての生き方が持つ意味を要約しようと試みたのであった。かくて、私がバーンスタインに、その『音楽のための生涯』(本書の原題)に対する自分の興味と関心とを披瀝し、バーンスタインの「音楽」について本を書くという計画を示す前に、バーンスタイン自身の方から先に、大張り切りで、一九九一年に聖チェチーリア音楽院管弦楽団を率いて行われることになっていたアメリカ合衆国演奏旅行を機会に、我々のやった対話を一冊の書物にまとめようじゃないかと言い出したのである。「いうには及ぶ!」、我々の対話を集めた本を作るというこのアイディアに、私は一も二もなく飛びついた。バーンスタインはドビュッシーに捧げられた一連のコンサートのすぐ後に続いて、聖チェチーリア音楽院のオーディトリウムを使って開催された「オーケストラ指揮法セミナー」に参加するため、なおしばらくローマに残った。そこで我々は何回か会うチャンスがあり、レッスンとレッスンとの間に、ある時は控え室でピアノの傍らに腰掛けて、またある時は譜面台の立ち並ぶオーケストラ・ピットに座り込んで、それまでの対話に組み込み、全体を補完するに役立つ新たな会話を行った。

というわけで、ここに本書がある。ここに収められているのは、じつに一九八五年から一九九〇年（特に一九八九年）にかけて、私が行ったバーンスタインとの対話をそのまま、忠実に書き起こした以外の何物でもない。そしてその期するところはただ一つ、他の何人かの少数の作曲家とならんで、今世紀の最も偉大な音楽家の一人であった人物に捧げられて然るべき、最初の「敬意《オマージュ》」表明以外の何物でもないのである。

一九九一年三月

E・C

新たに写真その他の資料〔本訳書では、紙幅の関係上、とくに写真等は最少限必要なものにとどめた〕、およびインタヴューの起こしを見直すことによって得られた、いくつかのちょっとした、それも形式的な変更を加えて、いっそう豊かになったこの新版を刊行するに当たり、著者として本書があらゆる方面から、たいへん好意ある反響をもって迎えられたことについて、満足の意を表させていただきたい。

バーンスタインと身近に接する機会を持った者として、直接また個人的に、それもただ単に一つのコンサートともう一つのコンサートとの間とか、休憩時間や練習の後とかではなく、くつろいだ休養の折に、お定まりのウイスキーを一杯やりながらのバーンスタインに触れて、私がどんな印象を得たかと、これまでよく聞かれることがあった。

さて、その印象となると、べつにバーンスタインと個人的に付き合いのあった他の人達の印象と異なるわけではない。といってもむろんそれは、バーンスタインについてありとあらゆる定義を書き散らした新聞や、それはそれなりにバーンスタインの音楽芸術の偉大さを示し、記録にも留めたテレビの画面に映った映像などから得られる印象とは違ったものである。レニーは謙虚で、愛想が好く、冗談好きで、かつ人間の不幸にぶつかると、それがほんの取るに足らない不幸であっても、手の付けられないほど落ち込んでしまうのだった。その溢れかえる生命力が、絶えず不安定な心労、それも時にはどうすることも出来ない絶望的な不安と闘っているというたぐいの人物であった。

このことからしてレニーの音楽が出てくる。そのシンフォニー、そのバレエ、またミュージカルは、無邪気な豊饒さに溢れかえりながらも、人の心にのしかかる悲劇的な不安感を裏に秘めている。レニーに生きることを可能にさせ、その『音楽のための生涯』を活気づけるには「希望」――カミュと共にいえば「諦念の取り得る最も高い形式」――があった。しかし「希望」はバーンスタインにしてみれば、じつはそれ以上のものだった。それは、世界が最終的には平和を獲得することが出来るという信念であり、神に対する信仰を再び取り戻すことができるという確信であり、自己自身の魂、また他者の魂と共に安らかに生きることの出来る「静かな場所」を、なんとかして見出したいという絶えざる衝動、より好い世界を建設しなければならないという(内的)必然性だったのである。そしてそれら全てにも勝《まさ》って、「希望」は「生命《いのち》」そのもの、芸術を通じて自己の存在を高め得る「生」をひたすら意味した。そしてレニーの場合、その芸術とはすなわち音楽に他ならなかったのである。

一九九一年十二月

E・C

エンリーコ・カスティリオーネに

ローマ、一九八九年六月二四日

もしも（魔法使いの）万華鏡《スフェーラ・マジカ》みたいに、私の音楽家としての生き方をすっぽり包み込んでしまうような「定式《フォーミュラ》」があるとすると、それは「伝達する」（comunicare）という言葉であって、私の生涯はこの単語の中にすっかり取り込まれています。

私は常に「生《いのち》」、音楽のために捧げられたこの私の人生《いのち》を愛してきました。生涯、私は人々に「音楽」を「生きる」歓びと苦しみとを「伝達する」こと以外の何物をも追求してきませんでした。

だがそんな私が、いつも理解されてきたというわけではありません。君の文章を読みました。私にとって、君の言葉は貴重、尊い限りです。

レナード・バーンスタイン

バーンスタインとE・カスティリオーネ（右）
（1989年、ローマにて）

バーンスタインに寄せて

今こそ捧げらるべき「敬意《オマージュ》」を――

レナード・バーンスタインの死の報せは、私に深い衝撃を与えました。それは予期されないことではなかったが、でも誰もバーンスタインが、我々にとってこんなに早く失われるとは思ってもみなかったでしょう。バーンスタインは、その音楽創造に対する熱狂や歓びによって常に私を魅了して止まなかった、比類なき音楽家であったばかりではなく、私の芸術家としての歩みの大きな部分において、常に私を啓発し続けてくれた、真の暖かい友人でした。今こそ、この芸術家に対して「敬意《オマージュ》」を捧ぐべき機《とき》であります。我々が音楽に対して抱いている愛を、バーンスタインほど見事に体現する術を知っていた者はもはやいないでしょう。そしてそのことで、我々は量り知れぬ喪失感を抱き続けることになるでありましょう。

クラウディオ・アバド

稀有の存在――

レナード・バーンスタイン。二〇世紀後半の音楽界における、類い稀なる存在の一人。音楽家の形を取った一個の「人間《ひと》」。まさに世紀の変り目、千年期の終わらんとする時に姿を消した人物。音楽や芸術の偉大な世紀は悲劇的に、また抗い難くその扉を閉じる。少なくともある一点において人々の記憶に残る作曲家バーンスタイン。その『ウェスト・サイド・ストーリー』により、いくつかの忘れ難い不滅の歌によって、ブロードウェイのミュージカルを芸術の高みにまで引き上げた人物。人の心を動顚させるようなオーケストラ指揮者としての出現。イタリアにおいては、レミージョ・パオーネとミッシローリが主催するミラノのアフタヌーン・コンサートにおいてデビュー。その少し後、スカラ座でカラスとワルドマンと共演の『メデア』。これこそまさに大勝利といって差支えない。これに続く、数々の演奏はいずれも、ありきたりの解釈また衒学的《ペダンチツク》な正確さのどちらにも堕することなく、交響曲の譜面を、紛うこと無きバーンスタイン独特の個性で沸騰、昇華させた仕事ならざるはなかった。それは決して原曲の歪曲なぞではなく、「おたまじゃくし」や音記号の彼方にあるものを聴こうとする、鋭敏な感性の羽ばたきと飛翔なのである。

私は今でも、フィレンツェのテアトロ・コムナーレで行われたコンサートを思い出す。曲目には、圧倒的なベルリオーズ『ローマの謝肉祭』と、だらけた伝統的演奏から引っ剝《べ》がされて来たブラームスの曲があった。近年では、スカラ座でのマーラーの『第四』が、シンフォニー作曲家としてのマーラーにはなんとしても我慢ならないが、「歌曲集」を作曲したマーラーには心の絆《きずな》でしっかりと結ばれているこの私を、がんじがらめにして放さなかった記憶がある。

芸術家であると共に、芸術家と分かち難く、教養人バーンスタインがある。そしてこの点でもまた、当代の他の「指揮棒」の大家達との違いがある。

アメリカ合衆国での、ヴェトナム問題や人種差別についてのバーンスタインの態度表明は、知られていることだが、公的な機会や公けの場においては「権力」の敵意・反発を買った。私は、双子の孫達と嫁のマディーナがバーンスタインと友情で結ばれていたので、そのお陰でバーンスタインについてはいろいろ話を聞いて知っていた。直接会ったのは、僅か二回。だがその外向性と、他人に対する丁重さ、そして傲りや高ぶりのなさを知るには十分であった。

この点についてもまた、他の高名な指揮者との違いがある。

ジャンアンドレーア・ガヴァッツェーニ

バーンスタイン逝《い》って、失われた宝——

私はレナード・バーンスタインの死をスカラ座で、バッハの『ロ短調ミサ』の練習を始めようとしていたところで知らされた。それは、たとえ私がこの偉大なマエストロと、とくに親しく個人的な付き合いがなかった——じじつ私はバーンスタインとは、僅か二、三度言葉を交わしただけ、それも何か特別な問題について深く論じあったわけでもなかった——としても、まったく悲しい報せだった。本当に人に苦痛を与えるたぐいの悲しみだったのである。

付き合いはなかったが、私のバーンスタインに対する賛嘆の念は常に変わることなく、たいへん大きなものであった。私を魅了して止まなかったのは、その音楽に接する際に示す確信、技術的な問題の天才的な解決、その演奏から滲み出てくる（音楽的なのはもちろん）人間的とさえいえる高貴な豊かさであり、それらは常に正真正銘の悲愁に彩られ、また幻想溢るるものであった。そして私は、バーンスタインから自分が評価されたことを誇りに思っている。というのもバーンスタインの場合、「その人が亡くなって、世の中は宝を失った」という決まり文句は、けっして決まり文句などではない。バーンスタインは人間の一つの型《タイプ》、まだ「専門家《スペシャリスト》」なぞというものが生まれる以前のロマンティスム時代が過ぎ去ってしまってからは、もはや絶えてみられなくなった人間の型《タイプ》を具現していたからである。じじつバーンスタインは、ひとり偉大なオーケストラ指揮者であったばかりではなく、ピアニストとしても物凄かったし、才能豊かな作曲家でもあった。そして他の何人にも勝《まさ》って、今世紀のアメリカにおける「生」の意義、すなわちいかなる種類の差別をも許さず、「生」の最も積極的かつ劇的な表現に対して共感し興奮することを、ものの見事に体現してみせたのである。

バーンスタインという一人の人物の死によって、オーケストラ指揮者、ピアニストと作曲家が、一挙に失われてしまったというような事態は、ここ一世紀ほど起こったためしのなかったことである。この事実もまた、私のうちに深い感動と、祈りへの強い欲求とを呼び起こすのである。

カルロ・マリア・ジュリーニ

比肩するなき、唯一の人――

レナード・バーンスタインと頻繁に顔を合わせているうちに、その人物を知るにはどうすれば好いのか、だんだん私にも分ってきました。時が経つにしたがって、これはただ単に音楽家ではない、音楽の世界にだけ属している人間ではないのだと納得が行きました。バーンスタインは世界の総体に、その歓びと、その矛盾対立とに、全身を挙げて参加しようと望んでいたのです。何人もバーンスタインほど好くジャズを、ポピュラー音楽を、そしていわゆる「高等な」音楽を、そのあらゆるジャンルにわたって知り、かつ愛していた人物はいません。まさにその故に、バーンスタインは我々の世紀の最も完全な音楽家の一人であり、バーンスタインのような人物がもう一人出るだろうとは、私にはとうてい思えません。

ジェームス・レヴァイン

なによりもまず人間であり、かつ天才であった人物――

レニーは人間、芸術家、かつ知性、それも私の出会った中で、最も素晴らしい人間、芸術家、知性でしたし、おそらく私にとって、永遠にそのような人物であり続けるでしょう。レニーと一緒に（その指揮か伴奏で）なにか一曲歌うということになって、その曲の全てを（教えてもらって）知らずに歌ったことはありませんし、またレニーと一緒に食事をして、その時の会話からじつに多くのことを学ばなかった例もかってありませんでした。レニーは私が限りなく愛した人物でした。そしてその死から時が経てば経つほど、私はますます強く、その不在の寂しさを感ぜずにはおられません。

マリリン・ホーン

あくまで自己に忠実で、反体制だった人物——

レニーがこの世を去ったという報せを受けて、私は泣きました。泣いたのは、単に私にとってこの上なく親しい友人で、かつ素晴らしい人物を失ったからというばかりではなく、バーンスタインの死によって、この世から、かって生れ出た最高の（芸術）表現の一つが失われた、一挙に偉大な作曲家、偉大な指揮者、そして偉大なピアニストが同時に失われたという、重大な損失を傷《いた》まずにはおられなかったからです。

今世紀がレニーよりも「生まれついての」かつ人の心を揺り動かす芸術家を生んだとは思われません。何人もレニーのように幻想《ファンタジー》と厳密さとを、興奮・熱狂と誠実さとを、聡明さと反迎合主義とを兼ね併せる術を心得ている者はいませんでした。

そして私は、レニーがまだまだ音楽に対して、多大の寄与をなすことができたし、また我々を駆り立てて、生き、かつ我々に与えられたささやかな手段をもって、「愛」により、相互理解を妨げる壁を乗り越えるように、まだまだ我々を励ますことができたからこそ、涙を流したのです。まさにこれこそレニーが、その活動をもって我々に指し示した目標であり、また私がレニーから学んだところでもあるのです。ありがとう、(レニー)!

ムスティスラフ・ロストロポーヴィチ

その音楽と同じく、忘れ得ぬ人――

私がレニー・バーンスタインについて何をいったところで、その偉大さを相応しく表現することはできないでしょう。一九八四年、『ウェスト・サイド・ストーリー』の録音中に、レニーと共に過ごした、あの特別な一週間。あの一週間は、まさに私の生涯で最も衝撃的な体験の一つでした。今(本書に収録された)レニーの言葉を読み返しながら、レニーが音楽に対して捧げた愛の全て、その音楽のために生きる、忘れ難い生き様《ざま》を思い出しています。こうした数々の思い出を、私は生涯、尊いものとして生き生きと心の中に抱き続けるでしょう。ありがとう、レニー、あんなにも美しい音楽をこの世に贈物として残してくれて! あんなにも沢山の倖せな思い出をあなたの多くの友達に残してくれて、ありがとう!

キリ・テ・カナワ

伝える歓び

音楽は、最初から彼を魅了し、また音楽は、彼と共にその信徒の中でももっとも多彩な、もっとも熱狂的でもっとも外向的な、それればかりか、「新世界」の浅い歴史全体を通じてもっとも完全でもっとも天才的な人物を獲得した。その人物は、ひとつのオーケストラの音楽家たちを彼の逆らい難いヴァイタリティーによって魅了する術を心得ていた。彼は、各人の心の中に、演奏したいという欲望を目覚めさせるのだった。そして、彼のためなら、音楽家たちは何でも、バッハから現代作曲家の中でももっとも難解な人物の最新の交響曲に至るまで演奏しただろうと断言できるほどだ。とはいえ、ジーンズを履き、大好きだったあの派手な色のTシャツを着てリハーサルの指揮をしているところから見ると、彼は、典型的なアメリカ人そのもののようだった。「軽薄だが才能はある」と評された彼には、もっとも型にはまった「アメリカン・ウェイ・オブ・ライフ」の悪趣味をひけらかす気などさらさらなかった。つねに一層強烈なものとなっていった音楽のための生活を通じて、人々が彼について抱いてきたもっとも月並みなイメージのいくつかを拾ってみれば、バーンスタイン＝「スター」、バーンスタイン＝「ラディカル・シック」「アメリカのジャーナリスト、トム・ウルフが一九七〇年六月に『ニューヨーク』誌に掲載した記事で用いた表現。ハンフリー・バートン著『バーンスタインの生涯』棚橋志行訳、福武書店、一九九四年、下巻二二二〜二二三ページ参照〕、バーンスタイン＝「演奏解釈者〔代弁者〕」というイメージであり、その同じ人物は、「カペル・マイスター〔礼拝堂楽長〕」の旧来の優れた慣習に従って、作曲にも身を捧げ、――ほとんど偶然からのように――「私たちの時代のオペラ」、あの大当たりをとった『ウェスト・サイド・ストーリー』を書き、それによって世界中で有名になり、現代音楽史上で主要な地位を獲得したということになるだろう。

そうしたイメージ以上に間違ったものはない！　実際、一九四三年十一月十四日、彼がブルーノ・ワルターに代わって、急遽、ニューヨーク・フィルハーモニック管弦楽団を指揮せざるを得なくなって以降、バーンスタインはけっして単に作曲家、あるいはオーケストラ指揮者、あるいはピアノ奏者、あるいは講演を行い書物を著す教育者であるだけで満足することはなかった。彼は、何よりもまず、今述べたうちのどれかであるよりもまず、音楽家という言葉のもっとも真正な意味で、ひとりの音楽家であり、彼自身の中で、古代ギリシャ社会において音響的表現が表象していたあの「一なるものにおける様々なものの調和」を実現していた。古代ギリシャの社会においては、プラトンの考えによれば、音楽は「神の贈り物」であり、人々は、無意識のうちに、「天上の徳」とあのミューズたち（私たちは「音楽《ムジカ》」という言葉を彼女たちに負っているのだが）の恩寵とによって、たちまちのうちに、その階調と律動に浸って歓喜するのであり、特権を与えられた解釈者、あるいはそう言った方が良ければ、霊感を授けられた人になるのだった。

レナード・バーンスタインとはそのような人だった。二十世紀音楽芸術史の中で、バーンスタインは実り豊かで、心をわくわくさせるような例外を形づくっている。彼はつねに、あたかも彼の音楽が、毎回、ひとつの抑え難い愛の行為の再生ででもあるかのように、それを生き抜き、創り、そして提供した。鷹揚な、偏見にとらわれない、多様な形をとり、つねにあの熱狂的な陶酔とあの高貴で神聖な強烈さを持って遂行された行為。そうした特徴が、音楽という、根源的でもっとも普遍的な、もっとも絶対的でもっとも自発的な、もっとも直接的でもっとも多くの満足感をもたらす、ほとんど宗教的とも言える祭礼の熱心な実践に捧げられたひとつの生涯すべてに刻みこまれていた。熱烈な厳正さが混じり合った尽きざる表現的エネルギーに恵まれ、ディオニュソス的な猛々しさに燃え上がり、抑えがたい生きる欲求（神が人間を愛の行為の中で創った時人間に与えたもの）に活気づけられたバーンスタインは、そうした祭礼の司祭だった。彼はそのような祭礼にもっとも酔いしれた、また人々を酔いしれさせる音楽信奉者であり、もっとも夢中になった、また人々を夢中にさせる擁護者であり、もっとも輝かしく、もっとも心を踊らせる啓示者だった。彼の行為は、音楽言語に対する強烈な熱情を通して実践され、しかも、その音楽言語は、各瞬間に、人間相互のもっとも真正なコミュニケーションの表現として、また神とのもっとも奥深い対話として体験されたものだった。音楽は、その儀式としても、そのもっとも高尚な表明としても、バーンスタインにとっては、「宗教的な行為、祭儀、ミサ、神の栄光への歌」としてしか存在しなかった。そこからこそ、彼が各々の音楽行為を育む際の基本的な糧として、あのような音楽形式が開花し、あの「他者と共に生きる素晴らしい体験」を生み出し得るための最初の衝動として、「伝える」

ということに対する、あの避けがたい欲求は生まれていたのだ。「伝える」ことに対するそうした欲望、必要性、欲求、それは、レナード・バーンスタインの存在すべて、および音楽活動すべての秘密を含み込んでいる［カント哲学で言う］定言的命題であり、処方箋であり、ルーツである。彼が放棄できなかったその定言的命題は、彼の驚異的な才能が彼に可能とし得たものすべてをけっしてなおざりにすることなく、彼の務めを遂行するよう彼を突き動かした。そしてバーンスタインは、全生涯を通じて実際、時間をけっして無駄にしなかった。作曲から教育に至るまで、オーケストラ指揮者やピアノ奏者を務めた演奏会からテレビで司会進行役を務めた音楽番組に至るまで、講演からエッセイに至るまで、彼の人生はコミュニケーションの崇拝に捧げられた情熱の累積だった。

作曲は、バーンスタインにとって、他者と直接的にコミュニケーションを交わすことを意味していた。そして実際に彼は、他の何よりもまず、自分の任務を果たす際の精神状態や好奇心や気質を明らかにするような、また同時に自分の定言的命題の最初の具体的な実現を構成するようなスコアを書くことに彼の生涯の大半を捧げたのだった。

矛盾や苦悩に満ちた、しかしひじょうに魅惑的な今世紀の芸術において、いかなる──そして単にアメリカ人とは限らない！──作曲家と言えども、バーンスタインほどの旋律的霊感を、また律動的で、しなやかで、輝かしい感受性を持っていたことを誇れはしないだろう。そうしたものは、『ウェスト・サイド・ストーリー』──おそらくガーシュインの『ポーギーとベス』以後に創られたアメリカのもっとも天才的な作品のひとつ──や、『不安の時代』や、『セレナード』や、『ミサ』の三つの瞑想的な楽曲における主題の上からも様式の上からも驚異的なアクロバット芸の中に溢れ出ている。それらの作品の中では、「あらゆる社会階層の人々に」、何ら分け隔てなく、音楽の歓びや生の感激を「伝える」べきだという抑え難い意志が身を震わせているのだ。音楽のプロットが、一方ではごく自然な、また他方ではその都度必然的な経路に従って展開されることも、そこから説明がつく。また、彼の繊細に混交された、反因習的な様式、あらゆる前衛のきわめて頑固に硬直した諸傾向からも、またきわめて常套的な単純さからも程遠い様式も、そこから明らかになる。彼は次のように公言している。「私の立場は単純です。私たちはあらゆるものを試せるし、試すべきです……けれども、だからと言って、音楽自体を否定することはできません。」そうした態度は、第二次世界大戦後の二十年間に書かれた彼の三つのユニークな交響曲、『エレミア』、『不安の時代』、『カディッシュ』によって構成される三部作にもはっきり見出せる。それらの作品において、彼は、時には、予言者エレミアが自分の民に差し向け、その信仰の力強さを再び見出すよう説き勧める祈りの激しさを強め、時に、とあるアメリカの都市生活の浅薄な性格を告発し、苦労して「体験される」に値する「何か純粋なもの」をつねに探し求め（同様に、バーンスタインは、オペラ『静かな場所』で、ダイナの悲劇を「愛が私たちに調和と恩寵を教えてくれるような」「静かな場所」を喚起しつつ浄化させている）、また時には、ともあれ、現代の信仰の危機に一筋の希望をもたらし、人間と神との新しい契約を、新しい清めを、持続的な平和を懇願する。愛情深い、優しい人間性も前述したようなことから説明がつくが、それは、技法的な観点からは往々複雑だが、つねに有効な書法で書かれたスコアの中に表現されている。あの抒情的な態度や、音楽の儀式を熱狂的に追いかけていくあの生の欲動も同様なことから明らかになるが、それらによって、プラトンの『饗宴』に想を得た『セレナード』や、『チチェスター詩編』といった、外観的にはひじょうに異なっていても、実際には相互に近しい関係にある諸作品は活気づけられている。『チチェスター詩編』のためにバーンスタインが「ニューヨーク・タイムズ」紙に書き送った次のような詩句は未だによく話題にのぼる。「古風で耳に心地よいわが末っ子なり／調性という二本脚で立つ子どもなり」［『バーンスタインの生涯』邦訳、下巻一三二頁参照］（！）。同様なことは、あの春のような音響の最良の瞬間にしみ込んでいる活気に溢れた衝動や、『キャンディード』――その序曲は今世紀のもっとも輝かしい「楽観主義的」作品のひとつである――のような作品の生き生きとした仕掛け、『ファンシー・フリー』『ファクシミリ』『ワンダフル・タウン』といったバレエ作品や、『スラヴァ！』や『オーケストラのためのディヴェルティメント』や『ソングズ』といった状況に応じて書かれた楽曲の活力溢れる陽気な性格についても言える。そして、まったく気の遠くなるような戦慄が、バーンスタインの様式を特徴づけているジャズの典型的な抑揚と混じり合った、あの何とも言えないリズム的な繊細さと絡み合っていく。バーンスタインは、ロッシーニがイタリア人であり、ヴァーグナーがドイツ人であり、ファリャがスペイン人であり、ドビュッシーがフランス人であり、ストラヴィンスキーがロシア人であったのと同様に「アメリカ人」だったからだ。

けれども、音楽に対する崇拝の念は、そのもっとも真正な使徒たちに、その祭式が毎回もっとも絶対的なやり方で遂行されるよう、一層完全な、真剣な、奥深い関わりを要求する。バーンスタインはそうした真正な使徒のひとりだった。そして演奏解釈者として、彼はピアノに向かい、譜面台を前にし、あるいは数えきれないほどの放送収録のひとつのためにテレビカメラの前で、もっとも単純で明白な方法で、何百万人もの人々に、ベートーヴェンの第五交響曲やマーラーの第九交響曲を説明しようと努めたのだった。

ピアノに向かうと、彼は自作同様、モーツァルトの協奏曲やショパンの音楽は無論のこと、ラヴェルの『左手のための協奏曲』やガーシュインの『ラプソディー・イン・ブルー』を、ホロヴィッツのような人物をすら驚愕させかねないほどの輝かしさと表現力を備えたタッチとスタイルで弾くのを好んだ。そして、オーケストラを率いる段になると、彼は、自分の全人格を投入することによって、楽器奏者たちを勇気づけることができたのだが、そうした全人格の投入は、ディオニュソス神がそのもっとも熱烈な使徒に与え得た、最高に素晴らしい贈り物として、彼が享受した表現的な身振りの遙か彼方にまで進んでいくのだった。彼は好んで次のように言ったものだ。「私の動作は、オーケストラ指揮者の動作ではなく、指揮する作曲家の動作です。」指揮台に立つ時、まさに彼は、平和や信仰の内奥の意味から霊感を得た交響曲や、熱狂と楽観論に輝く劇場音楽や時宜に適った諸楽曲を作曲する、感動や苦悩や熱情に満ちた音楽家そのものだった。作曲家と演奏家とが、あるいは逆に、演奏家と作曲家とが、両者を分けようとするあらゆる分析の馬鹿馬鹿しさが遅からず明らかになってしまうような結合のうちに混ざり合うのは避けがたいことだった。さらに、指揮台での彼の動作は、指揮する身体的な歓びをつねに信じた音楽家の表現性を明らかにしていた。浅薄な観察者からすれば、そうしたコミュニケーションのはかり方は、時として、ただただ派手で、あらかじめ考えられたものであるように思われた。だが実際、バーンスタインにとって、それは、生き生きと、またきびきびとした、自発的な身振りによって音楽を表現するひとつの方法だったのだ。ヴァイタリティーに溢れた自己の激しさによってと同時に、音楽素材をつねに厳格に追求していこうとする態度によってオーケストラを燃え上がらせることが、バーンスタインには可能だった。一方で、オーケストラを解放し、高揚させ、未曾有の音楽的な歓びのディオニュソス的爆発へと押し進めるとしても、他方で彼は、必要な場合、厳格さ、確かさ、明晰さを、先ず自分自身に、そしてオーケストラに課す術を心得ていたわけだが、それらの厳格・堅固・明晰さは、自分が人間存在の意味の読み取れる行為を遂行していることをわきまえた音楽家の意識そのものだった。ベートーヴェン、シューマン、ブラームス、チャイコフスキー、マーラーあるいはストラヴィンスキーといった作曲家たちの世界を再創造する時に彼が示す表現の強烈さが、極度の高揚に、変容とまでは言わないにしても変形することもあり、そこでは往々得体の知れぬ絶望が身を震わせていた。そうした絶望は、プラトンがそう信じていたように、「本当に音楽に満ちた魂」を持ち、「自然のあらゆる産物の欠陥を見抜いてしまう」人々においてしかその特質を発揮しないようなものである。だから、彼の演奏の意味方向は、特に彼が作曲家の悲劇を自分のものとしていた場合、カタストロフ的な、恐ろしい、自己破壊的なものとなっていく。たとえばチャイコフスキーの最後の交響曲の驚くべき「読解」の場合のように……バーンスタインには、オーケストラの音の流れを、ダイナミックスのコントラストを頻繁に際立たせつつ高揚させることによって、感情の度合いの焼けつくように強烈な、抒情的極限の中に解消させるに至るまで導いていくことができたが、その間、端正な旋律の持つ詩情や作品の構造は無傷で、それらを生み出した内奥の動機づけと調和した状態にとどまるのだった。したがって、バーンスタインは、単に二十世紀に限定されない指揮・演奏芸術史のあらゆる時代を通じたあの鎖、つまりヴァーグナー、マーラー、フルトヴェングラー、クーセヴィツキー、ミトロプーロス、デ・サバタ、トスカニーニ、ワルター……からバーンスタインに至る「伝える歓び」の鎖のかけがえのないひとつの輪を成す演奏家なのだ。

ひとつの演奏会の最後で、彼の目が何秒か閉じられたままで、一瞬前には或る旋律のリズムに震えつつ空間に宙吊りになっていた彼の腕が下がってきて、そして演奏を終えたばかりのオーケストラの前で彼の手が閉じられる際、愛情のこもった身振りで彼がオーケストラを立ち上がらせ、指揮台から跳び下り、最後に聴衆の方を向いて、舞台裏の楽屋の方へ駆け出す前にお辞儀をする際、彼が舞台に戻ってきて、汗で一杯の顔、感動に潤んだ眼で、怯えでもしているかのような不安気な自分の魂をうまく隠し損なった微笑を浮かべ、感謝のしるしとして手を振る際、彼がオーケストラの各メンバーを夢中で抱擁する際、たしかに、彼にとって、我に返り、自分が何者で、自分がこうした興奮を引き起こし、あるいはそうした状態に我が身を委ねるために何をしたかを考えてみるには何秒かの時間が必要だった。彼は自分の周囲を眺め回し、ほとんど罪の意識すら感じているのだった。

そのうえ、多くの場合、彼の演奏が引き起こす緊張は並外れたものだったので、聴衆は、演奏会の終わりに、熱狂的な喝采によって自己の解放を強いられてでもいるかのようですらあった。そして、彼の方は、もっと開けっ広げで、微笑み、感動して、第一ヴァイオリン奏者や最後列のチェロ奏者の手に口づけし、オーケストラの音楽家の中に姿を消し、そして再度指揮台に近づき、一気にそこに跳び上がり、何度目かの嵐のような喝采を受け、そのようにして、それらの長い高揚の瞬間を一種の「演奏会の中の演奏会」に変えていくのだった。

次第に、彼の演奏会は、ひとつの音楽シーズンを飾る特別な出来事、音楽という神聖な名において遂行されるディオニュソス的であると同時にアポロン的な祭典となっていき、彼は何か高貴で純粋なもの、つまり芸術としての音、生命としての芸術、音としての生命を生きるのだという意識を持ってそれに参加するようになっていった。演奏会が終わり、あの親切で好感の持てる身振りで聴衆を静めるのに成功するや否や、彼は、誰かが階段やエレベーターや廊下で彼を押し止めないよう、急いで楽屋の方へ駆け出すのだった。彼は第一ヴァイオリン奏者の腕を摑み、全オーケストラが後に続くよう彼を舞台裏へと連れていき、もう時間が遅いということを分かってもらうために時計を指し示したり、もう眠りに行く時間だということを暗示するために、単純に、両手を合わせて頰につけ、頭を傾げて見せるのだった。そして、人々がそれでも彼を引き止めてしまうと、自分の耳にしたものについて彼に礼を言うために、彼のサインをもらったり、単に握手してもらったりするために彼にくっついてくる人を邪険に扱うことは彼には不可能だった。限りない忍耐と愛想の良い寛大さで、彼は各々の頼みを受け入れるのだった。そして、そのようにして、彼の楽屋に押しかけてきた何十人もの人々の望みを満足させるため、彼は、「もちろん、ピュア・モルト」のウイスキーを一杯やり、煙草をくゆらせながら、訪問者の列が終わるまで、ピアノの傍の机や、ソファに座り続けるのだった。彼は、すべての人々と、どんな話題についてでも議論し、けっして自分の成功に喜ぶことはなく、むしろ、人々と接触する歓びを失ったり、音楽を知らなかった子ども時代の彼が苦しんだあの孤独に再度陥ったりするのを恐れているようだった。彼は、近づいてくる人には誰にでも、無邪気な、時には人を当惑させさえするほどの真剣さをもって、微笑みかけ、抱きしめ、手を握ったものだ。そして彼は礼を言い、女性の手にも男性の手にも口づけし、同様に、しばしば感動が極まると、男性を「ロシア風に」、そして、女性の方には、意表をついて、まさに「恐るべき子供たち」の主役であることを面白がって、彼女たちをもっとも親密なやり方で抱きしめることも辞さなかった。

そうした時ですら、彼は、自分が音楽家であることを忘れてはいなかったし、時折、どうしても何かを伝えたいという思いにかられると、彼はピアノ——どんなピアノかはどうでも良かったし、時間も場所も問題ではなかった——に駆け寄るのだった。そして、マーラーの交響曲の中でももっとも悲劇的なものを指揮した後で、彼は彼をとことん魅了していたベートーヴェンや、彼が敬愛していたチャイコフスキーの曲をひとつ、あるいは、彼自身が書いた新作のソナタを、深味のある嗄れたバリトンの声で口ずさみながら、弾いて聞かせたものだ。「ほら、モーツァルトみたいだろう、この二つのアクセントに注意するだけでいいんだ……それと違って、こっちは、本当のチャイコフスキーさ！」そして彼は、ひとかたまりの音符の和声、あるいは音楽の予言的な性格について、歴史的な事件や、戦争や作曲家の絶望を思い起こさせながら、説明し始めるのだった。ちょうどあの日——彼は十八歳だった——ミトロプーロスが彼のショパンの『ノクターン』のひとつと彼が作曲したソナタのひとつの演奏を聴き、彼を「天才少年《ジエーニアス・ボーイ》」と呼んだ日のように。その定義に、レナード・バーンスタインは、その全生涯を通じて、敬意を表したのだった。

1　少年時代と初期の音楽体験

エンリーコ・カスティリオーネ（以下――と略す）　あなたは、一九一八年八月十八日、ボストン近郊の静かな町ローレンスでお生まれになった。お父様サミュエル・バーンスタインとお母様チャーナ・レズニックはロシア出身のユダヤ系移民でした。あなたの少年時代が不幸なものだったというのは本当ですか？

レナード・バーンスタイン（以下L・Bと略す）　そうでなかったとは言えないでしょうね。私の父は実直な化粧品屋で、その進取の精神によって、またいつも仕事のことだけを考えて、自分の人生を自らの手で築き上げた人物でした。彼のたどった道を行くべきだったかも知れませんが、私にはそうしてみようという気持ちすらまったくありませんでした。私はそれでも父を敬愛していました。私たちは随分喧嘩をしましたし、けっして穏やかではない激烈な関係にありましたけれどね。

――音楽に対するあなたの情熱が原因だったのですか？

L・B　私の父は、私が生涯役に立つことは何ものにできないだろうと言ったものでした。特に音楽と関わっていてはね！　私が他の何よりも音楽を愛していて、音楽の秘密を手に入れようとして多くの時間を費やしているのに気づくと、父は私の邪魔をし始めました。最初、彼は、私にとって、音楽が暇つぶしでしかないと思っていたのです。でも彼は間違っていました。その一方で彼は、音楽とは実際何なのかを知らなかったのです。長い間、彼は音楽を「乞食の芸」、「かりそめの技」、つまり不安定な仕事と定義していました。彼は、私を馬鹿な息子に育てたと思い込んでいました。私の父が始め、長年辛苦を重ねて経営してきて、すでに確固としたものとなっていた商売を継いで、自分の生活費を立派に稼ぎ出していく代わりに、私は「物乞いをしながら」、どこかのバーでピアノを弾くか、せいぜい貧相な結婚式かなにかの折に演奏をしながら生き永らえていこうとしていたのですから。一度など――そして音楽はすでに私の人生で重要な役割を果たすようになっていましたが――、彼は、私が音楽向きにはできていないと言って責めました。私がトスカニーニでもラフマニノフでもないという単純な理由でね！

――あなたのお父様はそれでも何人かの音楽家を識ってはいらしたわけだ……

L・B　父がそれらの名前を挙げたのは、それをどこかで耳にしたからです。それに、トスカニーニやラフマニノフはとても有名な音楽家でした。家には、ともかく、音楽は、私が自分で発見するまで存在しませんでした。ですから、私は、訳が分からないままに、音楽の腕の中にいる自分を見つけたのです。

――あなたが音楽に初めて触れられたのはいつ頃に遡るのですか？

L・B　私の最初の意識的な接触は、八歳の時、寺院で生じた、と思います。宗教は私の家庭では大変重要で、私たちはしばしばシナゴーグに行ったものでした。私は大喜びで両親にくっついて行きました。私は儀式の伴奏をする音楽や合唱を聴くのが大好きでしたから。最初のうちは、それらの歌の意味が分かりませんでした。歌以外のものは何ら期待していなかったのですけれど。私は黙って耳を傾け、そして、時々、ある礼拝の間、音楽が何も聞こえないと、とても悲しい気分になったものです。失望して、私は、いったいどうしてその日は何の音も耳に入ってこないのかとしつこくたずねたものでした。次いで、私が自分で音楽の演奏を始めた時には、自分が音を手でつかんだような気がしました。その時初めて、音楽は私にとって物凄く重要で、素晴らしく高貴な、人間的表現になったのです。

――あなたのご家族はどのようなシナゴーグに通われていたのですか？

L・B　私の家族が属していたシナゴーグはミシュカン・テフィラー・ヘブライ教会のシナゴーグでした。各々の式典が私に感動的な音楽を聴く機会を与えてくれました。そのシナゴーグには何と素晴らしいオルガンがあったことか！　そのオルガン――まるで神自身がそれを弾いているようでした――は、実際、並外れた人物、私の敬愛していた音楽家、ソロモン・ブラスラフスキーによって演奏されていました。彼はウィーンで教師を務めていた人物であり、バッハの音楽や、さらに、ベートーヴェンの『荘厳ミサ』の音楽からアイデアを得たオラトリオやミサ曲を作曲してもいました。しばしば、その音楽を聴きながら、私は訳も分からずに涙を流したものです。ずっと後になって、それらの式典の間に私が耳にしていたのは実際マーラーだったのだということを発見しました。つまりマーラーの精神、彼の音楽の精神がブラスラフスキーの作品の中に漂っていたのです。実際、ブラスラフスキーはグスタフ・マーラーをとても良く識っていて、彼の熱心な崇拝者でした。そのようにして、シナゴーグで、しばしば私は自分が必要としていた慰めを見出しました。その峻厳な雰囲気は人間の生活に制約を与えるように見えましたが、逆に、私の生活には、つまり、私が音楽の腕の中に逃げ込み、そこから遠ざかっていることにもう耐えられない時には、活力を吹き込んでくれました。

——ということは、あなたは音楽を、音楽が生まれた場所で発見なさったわけですね。

L・B　ええ、理想的な場所でした。音楽はまさに寺院の中で生まれたのですし、それは宗教的な行為です。私たちの社会において、宗教的なアスペクトはあらゆるものの基盤になっています。寺院——あるいは、お望みなら、宗教的共同体と言っても良いのですが——が、まず筆頭に来ますからね。次いでその他のものが続くわけですが、音楽は、まさに神の栄光に捧げる儀式、ミサ、歌として存在しているわけです。だからこそ、私はミサ曲をひとつ作曲したのです。教会や宗教音楽は人間の生活の中心であり、人々が緊密にひとつに交わる契機を作っています。過去においては、まさに教会が音楽を広めたということを忘れないようにしましょう。音楽が聖職者の社会にしっかりと根付くと、今度はその周囲に、寛大な庇護者たち、宮廷、洗練された貴族社会などがひしめき合うようになっていったわけです……

——そして劇場にたどり着く。

L・B　その通り！　劇場にです！　音楽が自律的な役割を演じ始め、音楽家たちが宮廷から解放され、自由になると、音楽は劇場に入り、最後にはあらゆる人間、あらゆる社会階層の人々の耳に達するようになり、また聴衆の間にもはやいかなる区別もなくなっていきます。劇場はそのようにして教会や裕福な出資者たちに取って代わり、ついには、十九世紀の終わりになると、音楽団体や管弦楽団が作品やオペラを委嘱するようになります。

——あなたの少年時代に話を戻しましょう。あなたは本当に音楽の才能に恵まれていると感じていらっしゃいましたか？

L・B　シナゴーグで音楽を聴いていると、まるで私の感受性が——もちろん無意識的に——音楽を生きる理由として発見すべく態勢を整えているかのように、何かが私の中で活気づいたものでした。宿命について語ることが可能かどうか私には分かりません。私が、私を抑圧していた何かに対して抵抗するために、私の父に対する一種の無意識的な反発から、まるで仕返しをするかのように、音楽に夢中になったのかどうかも分かりません。後に、精神分析に興味を持つようになると、私は、当時の私の精神状態や行動を分析しようと努めながら、そうした痕跡を深く考えてみました。けれども、フロイトの論文や著作をそれに必要なだけ研究している暇があったためしは未だかつてありません。精神分析の基本的な試論を精読しようと思うと、ウィーンでベートーヴェンの『英雄』、あるいはロンドンでマーラーの第六番を指揮しなければならなくなってしまうのが常でした。それでも、フロイト、アードラー［アルフレッド・アードラー（一八七〇―一九三七）。オーストリアの医者・心理学者］、ユングの本を読んで影響を受けましたが。

――あなたはどんな類の少年だったのですか？

L・B　私はいつも病気がちでした。何も特別な興味がない、言ってみれば活気のない少年でしたね。私の家族は、特に最初のうち、ひとつの決まったところに落ち着けなかったんです。私たちは絶えず住んでいる家を離れ、引っ越さなければなりませんでした。それは私の健康には良くなかったし、どこかに社会的に順応したり、友情を育んだりする機会を与えてくれませんでした。十歳になった時、状態は少し改善されて、父の仕事も安定し、父はあらゆる手段を講じて、私が父の仕事に興味を持つよう努めました。もちろん、もし私が音楽を発見していなかったら、私を立派な商人か、もっとうまくいけば、ユダヤ教の導師にするのに成功していたでしょう。幸いなことに、父は、私を一週間の間だけだって説得できませんでしたけれど！

——結局のところ、あなたのお父様の仕事の方は安全で、ひょっとしたら音楽の方は単なる夢ではないか、というような考えは、けっして浮かんでこなかったのですか?

L・B　一生化粧品店の中に閉じこもって過ごすなんて、私には耐えられませんでした。それぐらいなら死んだ方がましだった!

——あなたのご家族の系譜をたどっても、音楽家も、また何らかの方法で音楽という芸術を愛したり、少なくともひじょうに重要な作品くらいは識っていた人物が見当たりませんね。あなたのご先祖には、特に、商人とユダヤ教の導師が多い。いったいあなたはどのようにして音楽の演奏を始められたのですか?

L・B　ある日、偶然、私は音楽の力で、雷に撃たれたようになったのです。私は十歳でした。ボストンの私たちの家の屋根裏部屋で、一台の古いピアノ——使い道の分からない埃を被った家具と言っても構わないでしょうが——、古いピアノを見つけたのです。蓋は開いていて、鍵盤が剝き出しになっていました。私はちょっと触ってみて、突然、演奏の歓びを感じ、「魔法」のように思われるその鍵盤から私の指が生み出せるものを発見しようと無我夢中になりました。ずっと探し求めていたものをついに発見する人がどんな感覚を味わうかを言い表すのは難しいですね。私は音楽を求めていた、と私は確信しているのですが、それで、私はそれを見つけた時、私はひと目でそれに心を奪われ、それを抱きしめ、口づけを浴びせかけ、こう言ったわけです。「君は、いつまでも僕のものだよ！」とね。その瞬間から、音楽は永遠に私のものになり、翌日には、私はもう別人のようでした。一種のルネッサンス〔再生〕だったのです。

――あなたのお父様もお母様もピアノが弾けないのに、どうしてあなたの家にピアノがあったのですか？

L・B　偶然、別のところ――どこだかもう覚えていませんが――に住んでいた私の叔母が私たちの家に古いピアノを置いていったのです。叔母にとっては厄介な代物に過ぎなかったわけですが、私にとっては、それどころか、それは生命そのものになったのです。

――そのピアノのおかげで、あなたは先ず生きることが大好きになってしまわれたのですか、それとも音楽が大好きになられたのですか？

L・B　私はそれら二つに同時に惚れ込んでしまったのだと思います。音楽を発見する数週間前には、私はまだやる気のない、役立たずの、ろくに笑ったことさえない少年でしかなくて、それが余りなものですから、学校で、他の子供たちからしょっちゅう馬鹿にされたものです。それに、私は本当に病気がちで、体育はしない方がいいと勧められていたので、友人連中の遊びには加われませんでした。すでに、かなりひどい喘息を患っていたんです。そのようなわけで、ピアノは私の救いでした！　最初、それは不思議な道具に思えましたし、私には何に使うものか分かりませんでした。何も他に使って遊ぶものがない時に、偶然手に入ったもので即興的に遊ぶ子供と同じように、私はそれを使って遊んでいました。私にはおもちゃはなかったけれども、ピアノが一台あったんです！

——当時、誰かがあなたに何らかのやり方でピアノの弾き方を教えたのですか？

L・B　いいえ、私が自分自身の先生でした。私はひとりで音楽を演奏し、それと戯れ始めたのです。自分で結構うまく働く和声的な音階システムをこしらえてね。それは、とりわけ、天上的な響きを私に聞かせてくれましたよ！　それに、いったい私にどうできたでしょう？　そのピアノは私の生活を変えつつありました。私は音楽とは何かを知りませんでした。この不思議なもの、ピアノはいったい何の役に立つのか？　私の指が生じさせるこの音は一体何なのか？　問いは日に日に数を増していき、じきにお手上げの状態になりました。私には答えが見つかっていませんでした。もっとも他のいくつかの簡単な情報は手に入れていましたけれど。それでも、時間が経つうちに、自分に確信が持てるようになり、自分のやっていたことがひとつの意味方向を採り始めました。その時から、もはや疑うことはしなくなりました。少し前には、生気のない少年だったのに、音楽のおかげで、私はそれ以降、生きることを渇望するようになり、そして楽音が私にとって生命にも等しいものになったのです。

——それで、あなたにとって、音楽は一種の驚異的な薬になったのですね。

L・B　音楽は本当に私に必要な薬でした。私はすぐにそのことに気づきました。私の両親ですら驚いていましたよ。少し前までさっぱりやる気のない子供だった少年が、外へ遊びに出かけたり友達を作ったりするよりはむしろ、何か具体的なことに没頭するのを目の前にしたわけですから。いつも最高点を取る、模範的な少年になったんです。そしてその後、私はスポーツすら始め、走り、遊び、試合で友達を打ち負かしもしたので、皆は何から何まで変わってしまった少年を前に唖然としていましたよ！

――ひと言で言えば、あなたは注目されるようになったのですね！

L・B　私はもはやかつての少年ではありませんでした。自分でも自分の目が信じられませんでした。何が起こったんだろう？　どうして皆が私と付き合おうとするんだろう？　何が私を変えたのか？　ようやくそうした問いに対する答えを見つけた時、すべては、私が大事に見張っているピアノのせいなのだと思いました。それに触ろうした者に災いあれ！　という気持ちでした。誰もあの素晴らしい「魔法の箱」から私を引き離すことはできなかったでしょう。

――多分、あなたは、そのような「魔法の箱」を持っているのは自分だけだと思っていたのでは？

L・B　ええ、その道具が音楽のために大事なものであり、そして、特に、それを家に一台持っているのは私ひとりではないということを理解するには時間が必要でした。それが分かった時、わたしは次のように考えて、安心したんです。たとえ、私からそれを取り上げたところで、音楽の方が私を見捨てはしないだろう、ってね。音楽はもう私の心の中に住みついていて、誰も私からそれを取り上げることはできませんでしたよ。

――誰かがあなたからピアノを取り上げる危険はあったのですか？

L・B　ああ！　それは十分あり得ましたね。

――いつ真剣に音楽の勉強を始めたのですか？

L・B　先に話した「啓示」的な出来事の後、私は何時間も何時間もピアノに向かって、随分、そして相当規則的に演奏していました。ところが、私の父はすぐに、私が彼には訳の分からないものに余りにも多くの時間を割き始めたことに気づいてしまったんです。本当に、朝から晩まで、休まずに、何度か食事ですらすっぽかして、弾きすぎるくらい弾いていました。そのようなわけで、時には隠れて弾かなければならなかったほどです。それから、父が近所に住むひとりの女性のところで稽古をつけてもらうのを私に許してくれるまで、長い間、父に頼まなければなりませんでした。当時、一時間の稽古で一ドルというのは、決してとるに足りない額ではありませんでしたから。そして、新たに、私は恋に落ちてしまったんです。フリーダさんは素敵なお嬢さんでした。それで、私は二人の恋人を持つことになりました。音楽と、私の最初の先生であるフリーダさんです。私は彼女が大好きでしたし、彼女に夢中でした。そして私たちは随分楽しくピアノで遊びました。それで、彼女が弾けないものを私が教えるようにまでなって、やがて、私の方が彼女に稽古をつけました。彼女にはショパンの音楽は難しくて演奏できなかったのですが、私は楽譜をいくつか手に入れて、教えてあげようと努力したりもしました……私はしょっちゅう彼女のところに入りびたっていて、めきめき上達しました。けれども、ある日、フリーダさんは私に必要なものを理解して、私には内緒で、私の家族に、もっと優れた教師に私をつけるよう勧めました。私にとって、それが分かった日はとても悲しかったことを覚えています。

——あなたにとってだけ？

L・B　フリーダも私を失ったと思いました。でもそんなことはなかったのです。私たちはお互いに会い続けましたし、私はさらに、他の音楽を彼女に教えました。

——その後の勉強はどのように繰り広げられていったのですか？

L・B　フリーダさんのレッスンの後、私はニューイングランド音楽院で勉強を続けました。本当の意味での征服！　私の父はようやく音楽家になろうという私の意志を受け入れてくれたように見えました。それで、大いに期待してそこに入学しました。私はスーザン・ウィリアムズさんにつきましたが、ちょっとの間だけでした。もちろん、彼女は一時間一ドル以上要求しました。三ドルです！　それは大した金額でした。しぶしぶ私の勉強のお金を出していた父にとってはなおのこと、あっと驚くような額だったわけです。それで改めて私は、彼にとって、音楽は少しばかりお金がかかりすぎる気まぐれ以外の何ものでもないのだということを悟りました。

――それでも、あなたを偉大な音楽の世界に導き入れたのは、まさにあなたのお父様ですね。

L・B　父は私をボストン・ポップスの演奏会に連れて行ってくれたのですが、それは彼の生涯で最初の演奏会でした。私はラヴェルの『ボレロ』に恐ろしく感動しました！　それは真の意味での啓示でしたね！　私はものすごい音の波に圧倒されるのを感じ、その晩すぐに、似たようなものを書いてみようと決心したほどです。それから間もなく、私は別の素晴らしい演奏会に行きました。私の父が、ボストンのシンフォニー・ホールでのセルゲイ・ラフマニノフの演奏会の切符をうまく手に入れたのです。その時も、父は私を連れて行ってくれました。父は、ベートーヴェンの晩年のソナタのひとつが演奏されている間中無感動なままでしたが、沢山の人々が「音楽乞食」の演奏を聞くためにお金を払っているのを見て、とても面白がっていました。私はそれを利用して、一週間に一ドル二十五セントの小遣いをせしめました。もちろん、それだけでは大したことはできませんでしたが、それでもある程度のものではありました。

――あなたのお父様はレッスン代を払っては下さらなかったのですか？

L・B　スーザン・ウィリアムズさんは適当な教師ではないことが分かりました。私の要求は相当高くなっていましたし、私には別の先生が必要でした。けれども、私の父にはもっと高いレッスン代など払う気はありませんでした。私にはどうして良いのか分からなかったのですが、何とかして、自分でお金をいくらか稼がなければなりませんでした。そのようにして、私は小さなジャズ・バンドにデビューし、ありふれた旋律やありとあらゆるジャンルの歌を編曲したりしました。その中にはアーヴィング・バーリン〔ロシア生まれのユダヤ系アメリカ人ソング・ライター〕（一八八八―一九八九）。『アニーよ銃をとれ』（一九四六）、『ホワイト・クリスマス』を始め、数々のヒット作を残している〕の歌もありましたが、本当に、彼の歌だけはまったく別ものでしたね。時には、一日も休まず、何か月も、力尽きるまで演奏しました。そして、だからといって、勉強したり、作曲したり、ピアノを練習したり、音楽を近所の子供たちに教えたりするのもけっしてやめずにね。お分かりのように、私はすでに生きるのに忙しすぎる状態になっていました。とはいえ、一週間の最後には、何ドルか余計にポケットの中に入ってきたわけです。

――似たような例を挙げれば、ブラームスだって思春期をそのようにして生きたのでしたね。彼がやったことすべて――お祭りや結婚式の折に、また晩は、キャバレーでピアノを弾いていました――は、結局、単に生活費を提供するばかりではなく、自らを磨き上げることを彼に可能にしました。

L・B　私は自分が若い頃生き延びるためにやったことをぜんぜん恥ずかしいとは思っていません。その後、ニューヨークという大都会での最初の滞在中にも演奏を続けました。もっとも、言っておく必要がありますが、私が演奏すると、ホールは満員になったんですよ……

――あなたは「ボヘミアン的な」芸術家だったのですか？

L・B　ニューヨークでは、そうでしたね。私の父は、私が一定期間以上そこに滞在するのに十分なお金を一度だってくれたことがありませんでした。最初の滞在の時など、約束したより少ない金額しかくれなかったくらいです。そのようにして、プッチーニの『ラ・ボエーム』の世界が分かっていきました。つまり、まさに私自身がそうした生活を生きながらね。私が住んだニューヨークのグリニッチ・ヴィレッジの雰囲気と、『ラ・ボエーム』の筋が展開されるパリのカルティエ・ラタンの雰囲気との間には何ら相違はありません。プッチーニの登場人物たちのように、私は自分がいつもそうありたいと夢見ていた人間になるまでにたくさん問題がありました。ニューヨークに到着し、ようやくそこに落ち着こうと考え、長いこと仕事を探しましたが駄目でした。ある意味で、それは私にとってチャンスでした。そこで、ミトロプーロスのおかげもあって、フィラデルフィアに行き、フリッツ・ライナーに師事し、次いで、タングルウッドに行って、セルゲイ・クーセヴィツキーに師事しようと決心したわけですから。

――それらの年月について、どんな思い出をお持ちですか？

L・B　貧乏暮らしや苦悩ですね。それらが私を成熟させてくれたとしてもね。時には、部屋代を払うお金さえないこともありましたし、頭が狂って、ことによったら何もかも放り出しかねないような瞬間も体験しました。けれども、夜、私が演奏をしに出かけたところは、随分私を助けてくれました。まずまずの仕事をする能力は持っていましたし、それによって自分の勉強を中断せずに済みました。当時、私は食べて行けるだけの稼ぎはありましたが、余裕はほとんどありませんでした。たとえば、冷蔵庫がなかったので、葡萄酒はバス・タブに沈めて冷やしたものです。

――ボストン・パブリック・スクール・オーケストラとやった最初の「小演奏会」についてはどんなことを覚えていらっしゃいますか？

L・B 私の初期の「小演奏会」ね……当時、私は高等教育を終えていて、模範青年でした。最優秀の成績――私の父の自慢の種でした――を取っていましたし。それで、友人たちと、いくつかのスペクタクルを上演して遊んだわけです。何でも手当たり次第にちょっとずつやってみました。演奏したり、踊ったり、オペラを歌ったり……もちろん、それらの「小演奏会」は真剣さやプロ精神に欠けた練習に過ぎませんでした。

――ハーヴァードでの勉強は、音楽の勉強を続けるための口実に過ぎなかったのですか？

L・B 最初のうちはそうでした。でも、やがて、人文系の諸学に情熱を抱くようになりました。とても好奇心の強い青年だったからです。それに、今でも相変わらずそうですよ。ある作家やある芸術家の作品に惚れ込んでしまうと、私はその人に関して知られているすべての情報を集めようとしますし、その人物についての大家になるまで研究をするんです。また、ハーヴァードで過ごした時期は私の人生でもっとも素晴らしい時期でした。私は若かったし、色々な人のところに出入りしていました。私が自分の最良の友人の何人かと知り合ったのもそこでです。

——それらの人たちの中で、特に思い出す人は？

L・B　まず、ウォルター・ピストン。彼は、私同様マサチューセッツ出身で、私の最良の先生のひとりでもありました。アーロン・コープランドと知り合ったのもハーヴァードでです。一九三七年のことで、当時私は、彼がストラヴィンスキーとバルトークの影響を受けて一九三〇年に作曲した『ピアノのための変奏曲』の研究を準備していたのです。一九三七年は、私にとってとても重要な年でした。ディミートリ・ミトロプーロスとも出会いましたからね。彼はボストン市立管弦楽団の客演指揮者としてボストンに到着したところでした。

——どのようにして、ミトロプーロスと識り合われたのですか？

L・B　私が最初に彼と出会ったのは、ハーヴァードの学生で、文化団体のメンバーでもあった若者数人が企画した集まりにおいてで、その集まりにミトロプーロスが招待されていたんです。レナード・バーンスタインとかいう、人々が褒めている人物と会ってみたがったのは彼の方でした。お定まりの当りさわりのない話をちょっとした後、ミトロプーロスが私に何か弾いてくれと頼んだので、私はすぐにピアノに向かいました。私はとても感動していました。自分はミトロプーロスのために演奏しようとしているんだと思ってね！

——彼があなたのことを「天才少年《ジェーニアス・ボーイ》」と呼んだのは、その時なのですか？

L・B　ええ、ショパンの『ノクターン』を一曲弾いた後、作曲したばかりの自作のソナタを演奏し終えた時のことです。

――ミトロプーロスの知遇を得たことはあなたの助けになりましたか？

L・B　彼には多くのものを負っています。ボストンを離れて、ニューヨークのような町に行った方が良いと私を説得したのは彼です。もっとも、そこでは、自分ひとりで何とかやっていかなければならなかったのですが。大学の卒業証書を手に入れても、私はお金持ちではありませんでしたからね。けれども、ニューヨークで、年長の友人、アドルフ・グリーンに出会いました。彼は、後に私の台本作家になりました。彼のおかげで、私はクラブのピアノ奏者の仕事を見つけたんです。アドルフ自身もそこでベティ・ゴドマンと一緒に働いていて、ベティの方は、後に私のために歌を歌ってくれることになりました。そのようにして夜稼いだお金で、もう少し長くニューヨークにいられるようにはなったのですが、私の契約は短期間で、すべてを使い果たした時には、ボストンに戻らざるを得ませんでした。

――ニューヨークにとどまる手立ては何もなかったのですか？

L・B　ありませんでした。でも戻っても長いことではありませんでした。行く算段がつくや否や、私はまたミトロプーロスと会うためにニューヨークに舞い戻り、そこでフィラデルフィアのカーティス音楽院で勉強するようにと勧められたのです。ミトロプーロスは同様にフリッツ・ライナーへの推薦状を書いてくれて、私はライナーに指揮法を学び、同時に、作曲をランドル・トンプソンの許で、ピアノをイザベラ・ヴェンゲローヴァの許で学びました。

――それから間もなくして、あなたはクーセヴィッキーの知己を得られたのですね？

L・B　フリッツ・ライナーとディミートリ・ミトロプーロスが私のことを偉大なクーセヴィッキーに話してくれたんです！　そのようにして、私はタングルウッドへ行くことができました。タングルウッドはすでに――クーセヴィッキーのおかげで――アメリカのもっとも活気に溢れた音楽中心地になっていました。私の胸はわくわくしていました。クーセヴィッキーについて勉強するということは本当に最高のことでしたから。

――クーセヴィッキーについてはどのような思い出を持っていらっしゃいますか？

L・B　並外れたオーケストラ指揮者でした！　オーケストラを信じられないくらいの正確さと驚くほどの厳格さを持って指揮できた本当の巨匠です！　彼は、何人かのロシアの指揮者たちがそうする術をわきまえているように、聴衆を強く感動させましたし、タングルウッドにいた私たち皆にとって、彼の演奏会のひとつひとつが、本当に、歓ばしい、祝祭的な、幸福なひとときでした。私はいつも心臓をどきどきさせながら彼の演奏に耳を傾けていました。それから、一九四九年四月八日に行われた、私の交響曲第二番『不安の時代』の初演もけっして忘れられません。彼が指揮台に上り、私はピアノの前に座り……何ともうまく言い表せません！　その交響曲は、私の他の作品とは異なり、彼の興味を惹いていたのです。そう、クーセヴィッキーは私がブロードウェイのために作曲するのを認めていませんでした。ブロードウェイには抵抗できないんだということを彼に理解してもらおうといつも努めていたのですけれど！　で、彼は、毎回、「君は才能を無駄遣いしているよ！」と叫んだものでした。けれども、誰かがアメリカ音楽のためにブロードウェイで何かをしなければならなかったのです！

2

「マエストロ、カラスさんですよ!」

エンリーコ・カスティリオーネ（以下――と略す） あなたはスカラ座でオペラを指揮した最初のアメリカ人指揮者でいらっしゃる。その体験についてどのような思い出をお持ちですか？

レナード・バーンスタイン（以下L・Bと略す） 私がスカラ座に足を踏み入れたのは一九五三年のことです。アントニオ・ギリンゲッリとヴィクトル・デ・サバタがやって来て、私にケルビーニの『メデア』を指揮する余裕があるかどうかと私にたずねたのです。即座に、はい、と私は答えました。「もちろんです、どうして駄目なことがあるでしょう？」と、条件の通知を待たずに、本能的に言ってしまったのです。それで、何たる条件だったことでしょう！ オペラのリハーサルをするのに六日間しかなく、しかも主役はカラスということだったのですから！ 想像してもみて下さい。スカラ座、ケルビーニの『メデア』、カラス……そしてそうしたことすべてをたった六日のリハーサルでこなせというのです！ まさに完璧な三位一体です。まず格別のオペラ劇場だったし、相変わらずそうであるスカラ座。そしてカラス。私はプリマ・ドンナとしての彼女の気まぐれによってしか、また並外れた音楽性を持った歌手——そして誰でもカラスのような歌手を指揮したがっていたと思います——としてしか彼女を識っていませんでした。それから私が指揮を依頼された『メデア』という作品。しかもそれは私にとってまったく未知の作品だったのです！

——でも、あなたは尻込みなさらなかった……

L・B　私の立場では、たとえ仕事がきつくても、やるしかありませんでした。私はそのオペラを識りませんでしたし、また当時、私は桁外れに作曲も指揮もしていました。要するに、あまりに忙しくて、自分のレパートリーを十分に広げられない状態だったのです。それに、私の妻のフェリシアは私にこう言いました。「あなたがスカラ座に行くのなら、私はあなたと別れるわよ」と。けれども、ヴィクトル・デ・サバタは、スカラ座でカラスを指揮するという機会を棒に振るようなことは私にさせませんでした。彼は私にぜひと強く勧め、引き受ける前に、ついには『メデア』のスコアを私に送ってきました。それはすっかり埃にまみれていて、まずきれいにしなければならず、その後ようやく研究できたように記憶しています……そして、最後に、私は折れたんです！

——それであなたの奥様はあなたと別れた？

L・B　いいえ、幸いなことにそうはなりませんでしたよ！

――あなたとカラスとの最初の出会いはどのようだったのですか?

L・B　私が彼女と最初に出会ったのはスカラ座ででした。突然、「マエストロ・バーンスタイン、こちらがカラスさんです」と言われました。私は何も答えず、一瞬彼女を見つめ、彼女に惚れ込んでしまいました。舞台の外で彼女を見かけても、彼女が演劇人だとは誰にも想像がつきませんでしたし、彼女が英語を話すと、ブルックリンのタイピストのようでしたが、一度イタリア語を話すや、それは、物静かで、思慮深く、多くの優れたものを持った本当の貴婦人でした。

――プリマ・ドンナと言えば、当時は単にカラスだけではありませんでしたね。レナータ・テバルディもいましたし……

L・B　事態はどうももやもやしていましたし、その方面では、何かが円滑に運んでいないということに私も気づきました。ええ、テバルディもいましたし、その年には二つの「初日」があったと言えるでしょう。つまり、ひとつにはテバルディが出演し、カタラーニの退屈なオペラで歌いました。もうひとつが『メデア』で、カラスが出演したわけです。

――カラスを指揮するのに苦労されたようなことは?

L・B　いいえ、挙げるに値するようなものは何もありませんでした。私たちは、一目見ただけで、すぐにお互いを理解しましたし、二人で一致して、メデアが民衆に語りかける場面で合唱を舞台から引っ込めさせるよう激しい戦いを始めた時には、一層仲良くなりました。カラスは、演劇的な観点からも、何が必要であり何がそうではないかを知っていました。彼女は未熟な歌手からは程遠かったのです。たしかに、彼女は劇場を支配し、自分の望むものを手に入れる力を持っていました。

――もしカラスが相変わらず存命中だとしたら、あなたは、なお彼女を指揮するおつもりはありますか？

L・B　ええ、疑いなく。彼女は私をとても高く買ってくれていましたし、彼女が歌う他のオペラを私が指揮するよう強く働きかけてくれたことを私は知っていますから。もちろん、私は彼女に、当時は実現不可能だったオペラの上演を提案するでしょうし、また特に、私の交響曲第一番でエレミアの「哀歌」を歌ってくれるよう提案するでしょうが。

――あなたがスカラ座でのデビューを果たされた『メデア』公演は、長らく、今世紀の傑出した演奏と見なされていますし、そのことは貴重なレコード録音によっても証明されています。あなたは、今日でもほとんど上演されることのない、ケルビーニのそのオペラに、どのようにして取り組まれたのですか？

L・B　特別な配慮が必要でしたね。『メデア』は単にずっと前からなおざりにされてきた――本当の意味での傑作ですから、それは不当なことなのですが――ばかりではなく、信憑性に乏しい発言や演奏解釈によっても損なわれてきました。私は、先にお話した六日間のリハーサル以前には『メデア』を識っていませんでした。私は友人のフランチェスコ・シチリアーニに助けを求めなければなりませんでした。彼には限りなく感謝しています。申し出を承諾するや否や、私は仕事に取りかかりました。私はオペラを書き直し、オーケストレーションをやり直し、第一幕のアリアをひとつ削除しました。それら六日間のことは一秒たりとも忘れられません。あと三日しか、あと二日しか、あと一日しかない！　その『メデア』の成功の翌年、私はさらにベッリーニの『夢遊病の女』の指揮を頼まれました。そのようにして、私はスカラ座に舞い戻り、再度、その劇場で喜びを感じたんです。ヴィスコンティとも、完全に折り合いがつきました。彼は私の指揮のやり方に本当に惚れ込んでいましたし、私の方は彼の本物のバラの花々を熱愛していました。

——とはいえ、スカラ座で、同じ時期に、同様にあなたが『ラ・ボエーム』でカラスを指揮したのも忘れるわけにはいきませんね……

L・B　私はあの『ボエーム』を忘れたいんです。不毛な体験でしたから。もう一回、病に倒れたヴィクトル・デ・サバタの代役を務めるよう、ぎりぎりの時になって声をかけられたのです。それに、私に代理を務めるよう頼んできたのはサバタ自身でした。

——『メデア』よりかは『ラ・ボエーム』の方を良く識っていらしたのでは？

L・B　ええ、識ってはいましたが、他のオペラほどではありません。私は何回か、妹と一緒に、そのスコアを読みながらピアノで弾いたことがありましたが、毎回、とても悲しい気持ちになって、涙をこらえ切れずに泣いたものです。

――その時も、ほとんどリハーサルの時間はなかったのですか?

L・B　ひじょうにわずかしかありませんでした。ぎりぎりになって声をかけられたのですから。当時、私はやはりカラスを主役にした、そしてルキノ・ヴィスコンティの演出による『夢遊病の女』に相変わらずかかりきりでした。でもカラスが病気になり、短い中断が生じたのです。デ・サバタはそれを利用して、私に『ラ・ボエーム』の準備と指揮を要請したわけです。私は声の面でいくつかの問題に直面せざるを得ませんでした。ジウゼッペ・ディ・ステーファノは、初日からロドルフォ役を歌うはずだったのに、最終日になってようやく到着するという有り様でした。今でも「心配するんじゃないよ。ともかく、『ラ・ボエーム』は難しくないからね」というデ・サバタの言葉を覚えています。まさに正反対だということを理解するのに、私はそれほど時間を必要としませんでした!『ラ・ボエーム』は大変難しく、複雑な、たとえば、明らかに『ローエングリン』以上にやっかいなオペラです。

――その難しさはどこから来ているのですか?

L・B　『ラ・ボエーム』はアンサンブルのオペラで、そのオーケストレーションの美しさやその諸々の主題の純生な味を、しかるべくピントの合った状態に置くのは大変困難です。それは、何人かのはっきり異なる役柄のために書かれたオペラではありません。ですから、歌劇のスターたちにはぴったりと合わないのです。『ラ・ボエーム』は、むしろ、いかなる登場人物も、ですから、いかなる声も、他の登場人物や声を押しつぶしてしまわずに、相互に調和して歌う必要のあるオペラです。『ラ・ボエーム』では、誰も目立ってはいけませんし、さもなければ、作品の意味は取り返しのつかないほど歪められてしまうでしょう。その点で、『ラ・ボエーム』は明らかにモーツァルト的なオペラです。まさにそうした理由から、ずっと後になって、私は〈新〉『ボエーム』を、演奏会形式で、若い歌手たちと一緒に、ローマで、聖チェチーリア音楽院の演奏会シーズンに上演したいと思ったのです。

——一九八七年六月のことでしたね。あなたの演奏は激しい反論を引き起こしましたが……

L・B　それは私の生涯を通じてもっとも見事な『ボエーム』でした。それもローマで、そしてイタリアのオーケストラと一緒だったのですから。とても見事な上演、本当に、ひとつの夢、私がつねにやりたいと思ってきた、瑞々しい、そして特に、若々しい『ラ・ボエーム』！

——それこそまさに、プッチーニの音楽が必要としているものですね。

L・B　瑞々しさは、プッチーニのこのオペラの本質的な特徴です。『ラ・ボエーム』は、若い声のアンサンブルを必要とする「若々しい」オペラです。私は自分で歌手たちを選びました。ジェリー・ハドレー、アンジェリカ・レオー、バーバラ・ダニエルズ、トーマス・ハンプソン、バスタランド……その他すべての歌手たちを。彼らはそうした要求にぴったり適っていることが明らかになりました。オペラに、プッチーニが必要とするあの無頓着な雰囲気を与えてくれましたから。それがないと、登場人物たちのある種の不安感やいくつかの細部が歪んで受け取られるのです。それから、聖チェチーリア管弦楽団と一緒に、私たちは快活な瑞々しさを獲得しました。私が何年か前から感じなくなっていた、あの輝かしいと同時に恐ろしい、容赦のない瑞々しさです。聖チェチーリア管弦楽団はまさにこの作品にとって理想的でした。この数年間に私がイタリアで指揮したもっとも優れた、素晴らしいオーケストラです。

——なぜ、『ラ・ボエーム』のように演劇的なオペラを、演奏会形式で指揮することにしたのですか?

L・B　私は個人的に、ロドルフォ、ミミ、そして他の登場人物の善良さをつねに愛してきました。そうした理由で、このオペラを演奏会形式で指揮したかったのです。それは、プッチーニの国、オペラの王国であるイタリアに対する挑戦ではなかったのです! いいえ、それは断じて挑戦ではありませんでした。それは必要にかられてのことで、私は何番目かの劇場版『ラ・ボエーム』を作ろうという気はありませんでした。舞台上演というものは、スペクタルの観点からは優れていても、しばしばそれは音楽的観点からはそうとは言えないのです。私は、演出や装置の中で、あるいはオペラ作品の劇場上演が抱える諸問題すべての背後でまごまごするよりも、ひたすら音楽にだけ専念し、何よりもまず、そうした善良さを強調したかったのです。プッチーニの音楽は、ミュルジェールの小説や台本を通じて透けて見えるがままの登場人物の心理と見事に一致していますし、私はそうしたものすべてが何ら失われることがないようにしたかったのです。

——それで歌手たちは？

L・B　彼らが特にイタリアで批判されたことを私は十分承知しています。私に言わせれば、今日、最も優れた歌手はアメリカ人たちで、それは、彼らが優れた歌い手であることだけに甘んじず、優れた役者でもあるからです。オペラの歌手にとって、それはひじょうに大切なことです。カラスは単に優秀な歌い手であるばかりではなく、また正真正銘の役者でもありました。それに、『ラ・ボエーム』のような動きのあるオペラの場合、舞台上演は、ディスク収録——もちろん、公開の場で行われたわけです——にとって数々の問題をもたらしたでしょう。そのように、オペラをスタジオで録音するより、大勢の、そしてローマの聴衆のような感受性に富んだ人々のために、演奏会形式で演奏・収録できるということは、滅多にないチャンスでした。劇場では、舞台の雑音がオーケストレーションの大切な細部をついには覆い隠してしまったことでしょう。プッチーニの音楽は絶妙で、細心の注意を込めて耳を傾ける必要があります。そうすれば、その音楽はますます魅惑的に聴こえてくるのです。

——それらの理由で、あなたはオペラをわずかしか指揮されてこなかったのですか？

L・B　ええ、そうした理由のためです。私は本当に自分の生涯を通じてオペラをひじょうにわずかしか指揮してきませんでした。また、大分先まで、別のオペラを指揮するのは私にとって難しいだろうと思っています。残念です。でも私にどうすることができるでしょう？　何もかもをすることはできませんし、したところで、何ら優れたものは生み出せないでしょう。もっとも、モーツァルトの『ドン・ジョヴァンニ』や他の三十くらいのオペラなら、明日からでも、わけなく指揮できますよ。でもどこで？　そして誰と？　また何回のリハーサルで？　そして何回の上演のために？　劇場の仕事はあまりにも沢山の時間を必要とします。そして私には、悲しいことに、あまりにもわずかの時間しかない。そして、にもかかわらず、劇場、それは私の人生のすべてです。私の作品の大部分は劇場のためのものです。私はつねに何らかのやり方で音楽劇のために作曲しているという印象を抱いているとすら言えるくらいです。ともかく、私の最初の『ラ・ボエーム』に際しては、物事がうまく運びませんでしたが、それはまさに、私たちに時間が不足していて、演出家と打ち合わせをしなかったためなのです。他方、逆に、ヴィスコンティとの『夢遊病の女』は完璧でした。同じことは、私がウィーンで上演したオペラについても言えます。私は、たっぷり三か月間かけたリハーサルの後で、ようやくベートーヴェンの『フィデリオ』の指揮を引き受けたのです！

――ウィーンの国立歌劇場でもスカラ座と同じ歓迎を受けてこられましたか？

L・B　ウィーンでも大変気持ちよく過ごしています、私の大好きな町です……もちろん、私のイタリアにおける最初の数年間や青春時代の思い出や出会いや友情すべてによって、私はスカラ座には心からの愛着を感じ続けています。私がカラスを指揮した時期、ミラノには、今世紀初頭の雰囲気、今日では消えてしまった独特な雰囲気がなお漂っていたように思います。あの頃は、夜と同様昼間でも、人々は音楽を論じ、ヴェルディは兵役に服したかどうかだとか、『オテロ』はヴァーグナーの『トリスタンとイゾルデ』に似ているかどうかを問題にし合ったりしていました。各人が問題を提起し、理解しようと努めていたのです。たとえ、実際には、各人が自分独自の答えを持っていてもね。それにひきかえ、今日、ミラノでは、もはや音楽や芸術ではなく、政治や商業上の契約やスポーツが語られるようになっています。

――それらの年は、思い起こせば、スカラ座が沸きに沸いた時期だったのですね……

L・B　過去は絶えず再検討に付されていました。スカラ座はまだ「再建された劇場」で、しかもそれは、単にひとつのシンボルではなく、何年も後まで続いていくはずのひとつのプロジェクトでもあったのです。それは、自らの未来を築きつつあったイタリアのシンボルであり、戦争の被害を被り、その深い傷痕をとどめている劇場であり、トスカニーニが戻って来ていた劇場だった……そして、私は、まさに再建直後にそこへ、そこでオペラを指揮する最初のアメリカ人音楽家として到着したんです。ですから、スカラ座は私にとっては、未だかつて、ひとつの博物館、あるいはそこで仕事をすれば評判になる、格好良い場所であったことはないのです。私はスカラ座が果たしてきた役割や、それが平和や連帯や、芸術に対する愛のシンボルと、したがって、スカラ座に大損害を与えた戦争に対する復興のシンボルと見なされているという事実を高く評価していました。

――それで、ウィーンの国立歌劇場の方は？

L・B　ウィーンへは、一九六四年にヴェルディの『ファルスタッフ』とリヒャルト・シュトラウスの『ばらの騎士』を指揮するために初めて行ったわけですから、状況は明らかに違っていました。ウィーンはヨーロッパの文化的な中心でしたし、今なお音楽のヨーロッパにおける中心です。私は即座に、ウィーンという町、その劇場、その音楽家たちに惚れ込んでしまいました。そしてそれ以来、特に、ウィーン・フィルハーモニー管弦楽団との間には素晴らしい人間関係が創り出され、それは、たとえ、もうそこへは足を踏み入れないぞと宣言したことはあっても――恐らく最初にウィーンで指揮した時だったと思います――、ずっと続いてきました。

3 作曲の技法

エンリーコ・カスティリオーネ（以下――と略す）　近年、いずれにせよ、ここ半世紀を通じて、音楽の危機はあらゆる予想を越えて深刻化したように思われます。たとえば、最近、私は何番目かの音楽の死亡証明書を読みました。

レナード・バーンスタイン（以下**L・B**と略す）　ああ、「危機」ね……あなたはこの世に創造性の危機が存在すると本当に信じているのですか？

――実際のところ、モーツァルトの時代以来、音楽は危機に瀕しているとつねに考えられてきました。

L・B　その通り。毎日、誰かが、この世のどこかで、音楽は死んだと断言しているんです。ずっと前からそうですよ。まるで、毎朝、立派な葬式を出す時がついにやってきたと決めつけでもするかのように！

――あなたはお認めにならないわけですね……なぜですか？

L・B　作曲家として答えたくはありません。あまりにも安易だからです。そうではなく、音楽家として答えます。そして、まさに音楽家として、音楽は息絶えたと主張する人々に私は同意しないし、またそれに類する馬鹿げた死刑判決は、けっして受け入れられません。たとえ、音楽の特殊な形式としての交響曲に関してのように、それが部分的には真実を含んでいようとも。たしかに、マーラーやショスタコーヴィチの交響曲以降、十九世紀から受け継いだ、とにかくロマン主義から受け継いだ交響曲形式はもはや使い物にはなりません。形式は変化し、言語は発展しました。けれども、だからといって、交響曲形式を放棄する理由にはなりません！　私たちはむしろ新しい言語を見つけ、音楽という永遠のジャンルに属する新しい形式をそれに与える必要があります。形式が変化しても、それが属するジャンルが消滅することはけっしてあり得ません！というわけで、私は先のような理屈を認めないのです。音楽は、芸術としても、そして、ですから、人間の表現としても、けっして存在するのをやめはしないでしょう。それは、人間が存在する限り、けっして死に絶えません。私がその一例です。

——それでは、ジャンルではなく、ひとつの形式に対する「創造性の危機」について語るべきなのですね。

L・B　その通り。芸術的に見ると、ある時代が他の時代に比べて実り豊かでないことを、歴史は私たちに教えてくれます。けれども、一度、そうした確認をはっきりさせてみる必要があります。芸術ジャンルとしての音楽は、いまだかつて危機に陥ったことなどないのです。つまり、もし危機があるというなら、音楽の一定の書き方の危機が見られるということです。そのように、私たちの時代において、ストラヴィンスキーの作曲した音楽は、なお有効なモデルですし、(十二音音楽技法を用いた、あるいは調性的な)音楽を理解する様々なやり方の間の拮抗関係は、音楽自体の発展を助長する、胸躍る刺激となっています。

——あなたはひじょうに多様なジャンルにわたって、多数の作品を作曲していらっしゃいます。三つの交響曲、数々のバレエ音楽、ミュージカル、ヒット・ソング、映画音楽、宗教的合唱音楽、一つのミサ曲、一つのオペラ、時宜に応じて作られた音楽あるいは、時に、普通は「ポピュラー」と定義されるようなタイプの音楽に属する、華やかでユーモラスな性格を持った作品などです。あなたのお考えでは、「軽音楽」あるいは「ポピュラー音楽」と「クラシック音楽」との間にはどんな違いがあるのでしょうか?

L・B　私はその問題に答え、「音楽の無限の多様性」を説明するために一冊の本を書きました [L. Bernstein: "The Infinite Variety of Music" (New York, 1966)]。問題は何よりもまず、通常「クラシック」と呼ばれている音楽を実際に何と理解しているかということなのです。この点で、一般的な見解は、ある種のとり違えに基づいています。

——どんな類のとり違えなのですか?

L・B　理屈上からすれば、この問題に答えるのは難しいことではありません。つまり、月並みですが、「クラシック音楽」とは、ジャズ、ロック、フォークなどではないものすべてと言えるでしょう。けれども、この答えは満足のゆくものではありません。「クラシック音楽」という表現は間違っているのです。「クラシック［＝古典派の］」音楽は、現実には、音楽史のひとつの明確な時代に対応していて、それは、一例を挙げればマーラーやストラヴィンスキーの時代では絶対にないのです。「クラシック」の時代に遡るためには、私たちはもっと後戻りして、モーツァルト以前にまで行かなければなりません。そして私たちはむしろバッハや彼の同時代人たちの世界を発見することになるでしょう。では、どういうわけで、私たちは「クラシック」ではない音楽をそう規定するという誤りを犯してしまうのでしょうか？　この質問に対する答えも同様に単純かも知れません。つまり、私たちは、いまだに「高尚な」音楽と「軽」音楽とを区別するより良い方法を見つけ出していないのです。ただし注意する必要があります。「高尚な音楽」という表現にもまた落とし穴があります。音楽を定義するこの方法は、音楽が知的で教養のある人々のためだけにあるのだということを暗に意味しています。これほど馬鹿げた考えはありません。第二次世界大戦が実際に何を引き起こしたかということを知らずに、それでいてモーツァルトを心底から愛している人がどれだけ大勢いることでしょうか？

――では、文学、絵画、あるいは彫刻というように、単に音楽と言った方が良いのでしょうか？

Ｌ・Ｂ　そう、その方が望ましいですね。けれどももっと良い定義は多分「厳密な音楽」というものでしょう。それは、その音楽が神の口述したものであり、だから完全なのだということを意味しているのではなく、むしろ、その音楽が、ひとりの作曲家によって、どんな楽器奏者あるいはどんな歌手でもそれを書かれた通りに演奏しなければならない、そんなやり方で書かれたものだ、ということを意味しています。違いは、音楽に対する感受性のレヴェルの高低にではなく、むしろ音楽の書き記し方にあるのです。まず書法の問題なのです。つまり、どんなポピュラー・ソングでも、そのメロディーから離れてしまうことなく、何千通りものやり方で歌ったり演奏したりできます。反対に、ベートーヴェンの音楽は、一定のやり方で、しかもそのやり方でだけ、演奏されねばならないのです。決められた数の楽器奏者で、そして一定の表現的な特徴を尊重して、また演奏上のニュアンスや指揮者の感受性からは独立してね。ある指揮者と同質の感受性を持った他のもう一人の指揮者なんてけっしていないものであるにしてもですね。

――あなたの音楽は、「二十世紀の音楽」と呼ばれた無調音楽とは異なり、つねに即座に知覚できるというメリットを持っていますが、あなたはいまだかつて、十二音音楽技法だけをもっぱら用いて作曲しようとされたことはないのですか？

Ｌ・Ｂ　いいえ、しょっちゅうしましたよ！　人生の一時期、私は自分の仕事部屋に閉じこもり、十二音音楽を沢山作曲する必要を感じたことがあります。けれども結果は悲惨でした。それで、私は全部破棄してしまいました。そしてその後まもなく、私は一気に『チチェスター詩編』という、私がそれまでに書いていたものの中で最も調性的なスコアを書いたのです。ええ、十二音音楽は私向きではないのです。けれども、私は最近『ジュビレー・ゲームズ』と題したとても魅力的な楽曲、少なくとも私はそう願っているのですが、を作曲しました。それは、シチリアーニ主宰の、ポンペイ・パンアテナイ・フェスティヴァルで、イスラエル・フィルハーモニック管弦楽団の演奏で初演されました。その作品はイスラエル・フィルの創立五十周年を祝って作曲され、同楽団に捧げられています。それで、その楽曲には、十二音音楽的な瞬間があるんです。もっともオーケストラの方がそれを「創り出す」のであって、私ではありません!

――一九六五年に、『チチェスター詩編』が初演された時、あなたは語り草となっている詩句を「ニューヨーク・タイムズ」紙に書き送っていますね。「古風で耳に心地よいわが末っ子なり、/調性という二本脚で立つ子どもなり」［訳注:『バーンスタインの生涯』邦訳、下巻一三二頁参照。］と。そうした語句で、あなたは調性の重要性を再度主張されようとしていたのですか?

L・B　私の立場は単純です。つまり、私にとって、調性は音楽の本質そのものだと言うだけで十分でしょう。私たちはあらゆる実験をすることができ、またすべきですし、音楽言語を現代化できるし、またすべきです。でも、だからといって、音楽そのものを否定することはできません。

調性を否定することは人間の本質、人間の基本的な方針や感情を否定することに帰着するのではないでしょうか。愛情や友情や信仰を否定する覚悟ができている人などいるのでしょうか？ 私に関するかぎり、調性を否定する気など毛頭ありません。そんなことは、後ろから短刀でグサリとやられるのと同じことです。

——調性の放棄、あるいはお望みなら調性の否定と言ってもよいのですが、それは、アイデアの欠如によって引き起こされたのでしょうか、それとも、無調性を避けがたいものにしていった、明確な歴史的状況によって引き起こされたのでしょうか？

L・B　無調性に有利に働いた要素は、音楽形式としての無調性を引き起こし、提案した要因と同じくらい沢山あります。けれども、二十世紀の初頭に遡る必要があります。その頃、グスタフ・マーラーはロマン主義の世紀を閉じると同時にシューベルトの芸術を締めくくりつつありましたし、シベリウスはスラヴ的な音楽に終止符を打ち、プッチーニはベッリーニの手がけ始めた路線を完成させつつありました。突然、何者かがそうした情況の中に侵入してきます。イゴール・ストラヴィンスキーという名の作曲家、続く未来を代表する人物です！ 過去との決定的な断絶が生じたのは、その時なのです……

——ポジティヴなやり方でですか？

L・B　ええ、ストラヴィンスキーは、音楽やその特殊性を否定することなく、未来の扉を開いたからです。次いで、我々の時代の歴史が介入してきて、ストラヴィンスキーという天才の前代未聞の力を享受しながらも、状況を深刻なものにしていきました。戦争は絶望をもたらし、絶望は諸芸術にそのアイデンティティーを失わせました。人間自身、自分のアイデンティティーを失ったのです。第一次世界大戦が勃発した時、ストラヴィンスキーはすでに彼の傑作のいくつかを作曲していたわけですが、同大戦はそれ自体として壊滅的な結果を招きました。そのすぐ後で、今度は第二次世界大戦が起こりましたが、それはもっと甚大な荒廃を生じさせた、暴虐的で、耐えがたいものでした。あらゆるものが自己の顔を決定的に見失い、各人にとって、自分の顔を再び見出すことはひじょうに困難だったのです……これらの時期に作曲された音楽はそうした状況を反映しています。ストラヴィンスキーの『三楽章の交響曲』や、ベルクの『ルル』や『ヴォツェック』のようなオペラ、ベンジャミン・ブリトゥンの『ピーター・グライムズ』を考えるだけで十分です。

——ポピュラー音楽［大衆音楽］との接触を失ったことも、現代音楽の状況を深刻なものにするのに多少とも加担したとお考えですか？

L・B　過去において、ポピュラー音楽、さもなければ民俗音楽はひじょうに重要な役割を果たしてきました。モーツァルト、ベートーヴェン、シューベルト、チャイコフスキー、そしてその他大勢の作曲家たちがポピュラー音楽に大きな注意を払ってきましたし、しばしば明瞭なやり方でそれを活用さえしてきました。けれども今世紀前半の終わりから、とにかく、五十年頃からすでに、音楽はひじょうに危険な道に進んでいきました。音楽家たちは大衆から離れ、象牙の塔に閉じこもり、音楽の死が近づいていると声高に叫んだのです。今日、幸いなことに、多くの作曲家たちは、音楽がひとかたまりのエリートのためにある芸術ではなく、並外れて効果的な伝達［コミュニケーション］の手段であり、そういうものであるからこそ聴衆を巻き込んだり、何かを表現したりする権利がある、ということを理解しています。私には、自分のためにしか創造活動を行わない芸術家なんて理解できません。それどころか、そのような人間を「芸術家」と呼ぶことはできないと思っています。芸術家とは、他者のために、そして自分の創作を他者と共に生きるために創作を行う人物なのです。音楽を作曲する際、私はけっして自分自身のこととか、自分の野望や自分の個人的利益のことは考えません。なぜなら、私は、自分の音楽ができるだけ多くの人々の心に届いて欲しいと願っているからです。私は、ある感動、ある感情、ある声明、あるメッセージを含み持っていないような音符は一音符たりとも書いたことがありません。何も伝達できないような音楽は音楽の名に値しません。

——いずれにせよ、あなたの作品において、いわゆる「ポピュラー」音楽は重要な役割を果たしているわけですね。

L・B 私はつねにポピュラー音楽を愛してきました。実際、ポピュラーの伝統は私を格別魅了したのです。ですから、私はしばしば軽薄で浅薄な作曲家だと非難されました。結構ですよ、私がそのひとりであることを認めましょう。それを誇りに思っていると言ってもよいくらいです。モーツァルト、シューベルト、チャイコフスキー、そしてマーラーのような作曲家ですら、すばらしく軽薄な音楽を書いていますし、たとえ彼らの方が私のよりすばらしい音楽を書いたにせよ、私はそうしたグループに属するのを光栄だと思っているからです。でも、誰も、私がどのように作曲すべきかを私に言う権利はありませんし、ましてや、私が『オン・ザ・タウン』や『ウェスト・サイド・ストーリー』を作曲したことで私を非難する権利はありません。ひとりの作曲家、そしてあらゆる芸術家一般の独創性や偉大さは、その人物が自分の才能や独創性を、表現すべきもの、あるいは表現しようとしているものと一致させるそのやり方とつねに結びついているのです。それに私は、自分が作曲したものすべてを心から誇りに思っています。単にそれが私の作品だからというわけではなく、私がそれを書いたやり方のために誇らしく思っているのです。そんなわけで、もし私が自分の音楽を再度書くはめになっても、私は一音符も変えることなく、それを同じようにもう一度書くでしょう。

――作曲するということがあなたにとって何を意味しているかとはおたずねしませんが、作曲の魅力とは何か、説明して下さいますか?

L・B　作曲するということは生きることと同じくらい魅惑的なことですし、同様に生きるということは、それが私に作曲したり、指揮したり、旅行したり、ピアノを弾いたり、微笑んだり、楽しんだりするのを可能にしてくれるからこそ魅惑的なのです。けれども、作曲はより多くの集中力を必要とします。作曲するためには、一定の期間――ちょうど一曲書くのに必要な期間だけ、それ以上ではなくね！――世間から遠ざかっている必要があるのです。そして、実際、作曲に専念する際、私はひとりっきりになって、誰にも会わず、電話にも出ず、テレビのニュースも追わないで暮らす必要を感じるのです。それは、世間から遠く離れた、ひとつの別の生活なのですが、それによって、私はその後新しい愛情を持って人々の方へと向かって行くことができるのです。つまり、私はちょっとの間だけひとりっきりになる。なぜなら、書く必要を感じていたものを書き上げてしまうや否や、私は出かけて行って、できるだけ大勢の人々に会い、私が感じ、人々のために書いたことを伝えなければならないからです。現実には、いずれにせよ、私はけっしてひとりっきりではないのです。私の心の中には、つねに私の潜在的な聴き手がいて、その聴き手が私を導き、私に判断を下し、私が何をどのように作曲すべきかを私に語りかけてくれるからなのです。私はその「聴き手」としばしば論争しますし、私たちの意見が一致しないこともあります。

――では、どんな理由であなたはその「聴き手」の意見に耳を傾けるのですか？

L・B　うーん、本当のところ……私たちはほとんどいつも同じ意見に落ち着くんです！　作曲する時、私はつねに耳を傾けてくれる人のことを考えています。私は、聴いてもらい、味わってもらい、吸収してもらえるはずだと考えずには一音符たりともけっして書きはしません。私たちは良い音楽、心地よくて、たまらなく魅惑的で、情熱的な音楽を聴くために演奏会に出かけますね。とにかく単にきれいな音楽というだけではない。私は、私の書く音符が、私の感じたことを、それらの音符に耳を傾けてくれる人に伝えるべきだと自覚しています。音楽が音楽と聴き手の間に馬鹿げたバリケードを築き上げることなしに、です。だって、音楽がそれの表現するものに聴衆を熱中させられないなら、音楽は何の役に立つというのでしょう? 私はいまだかつて自分自身のためには一音符も書いたことがありませんし、それはあらゆる作曲家の義務だと思っています。そのようなわけで、先程私たちがそう語り合ったように、ポピュラー音楽の伝統を受け継ぐということも重要なのです。

——あなたの音楽においては、また何人かのヨーロッパの作曲家たちの音楽においても、ジャズの世界を引き合いに出している箇所が随分見受けられます。でも、ジャズの世界にはアメリカ音楽を若返らせることしかできないのでしょうか?

L・B　いいえ、私はジャズがアメリカ音楽の独占物だとは思いません。エリック・サティ、ドビュッシー、ラヴェル、ミヨー、そしてストラヴィンスキーでさえ、ジャズのリズムにとてもよく似たシンコペーション・リズムの認められる作品を書いています。でも、ジャズがアメリカに属しているというのは本当ですね。たとえば、コープランドの交響曲第三番はかつてアメリカ合衆国で書かれたもっとも美しい作品のひとつですが、ジャズにとても近くて、そこでは、交響楽とジャズの間に実際上もはやいかなる相違もないと言えます。

――それでも、ジャズが話題になると、大勢の人々が相変わらずしかめ面をする。

L・B　残念ながら！　多くの人はポピュラー音楽を下等だと見なしているのです。もし、ポピュラー音楽という表現で、あくまで下等な音楽が意味されているとしたら、私は絶対に同意しません。つまり交響曲はそれが交響曲であるという理由だけで良い歌より上等だということにはなりません！　ハイドンやモーツァルトのメヌエットは彼らのアダージョより下等でしょうか？　それらのメヌエットは田舎風のダンス以外の何物でもありませんし、それは、音楽がポピュラーな起源を持っているということを今一度証明していますよ。ですから、私は、ジャズを二流のカテゴリーに属する音楽ジャンルとして定義する人たちの考えを認めないのです。ジャズの様々な歴史的時期を見分け、真正《オーセンティック》なジャズとは何かを再認識する術をわきまえるべきです。もし私があなたに正真正銘のジャズの作曲家の名前をひとり挙げてくれと頼んだとしても、あなたはいかなる名前も確信を持って私に言えないでしょう。つまり、ジャズの違いや重要性はまさにその点にあるのです。ジャズは、即興の芸術の一形式であればこそ、真の意味での作曲家を持たないのです。そうしたわけで、ジャズは品位にかけると見なされる。けれども、モーツァルトやベートーヴェンも即興の芸術を実践したのではないでしょうか？

——世界中でもっとも名高いあなたの作品は間違いなく『ウェスト・サイド・ストーリー』です。あなたは、この作品について、そのように広範囲で長続きする成功を予期していらっしゃいましたか？

L・B　いいえ、まったく予期していませんでした。そのプロジェクトはひじょうに長く、つらいもので、私はそれを放棄する寸前まで行きました。もっとも、自分の仕事に確信がなくなったからではなく、それどころか正反対だったのですが、当時、五十年代の半ば頃、私には沢山の仕事、指揮しなければならない演奏会が沢山あったからです。それに筋書きは全然単純でも、明白でもなかったのです。たしかに、『ウェスト・サイド・ストーリー』では、ロメオとジュリエットの話が現代的な様式で再び採り上げられてはいます。シェイクスピアが下敷きになっています……けれどもニューヨークにおける人種問題——結局それが、『ウェスト・サイド・ストーリー』の真のテーマなのです——は、ことに、ひじょうに激しかったし、相変わらず激しいのです。若者たちはいまだ自分たちのグループの名において殺し合いをしますし、ライヴァル関係にあるグループのメンバー同志が愛し合うことは不可能です。ですから問題になっているのは、使い古された物語ではなく、ニューヨークのような都市における恐ろしいまでに現実的な状況なのです。おまけに、私が作曲した音楽は時間に耐えるように思われます。今日でもなお、それに基づいた『シンフォニック・ダンス』を指揮したり、あるいは単にそれを聴き直したりすることがあると、私は昨日作曲したばかりという印象を受けます。

――五十年代には、そのような物語がブロードウェイの舞台で成功を収められようとは全く想像できなかったのではありませんか？

L・B　ええ、まさにそのために、私たちの中の誰ひとりとして、『ウェスト・サイド・ストーリー』が本当の成功を勝ち取れるとは思っていなかったのです。ちょっと想像してみて下さい。まさにニューヨークのウェスト・サイド地区を舞台に展開される「悲劇的な」ミュージカルですよ！　ジェローム・ロビンズ、スティーヴン・ソンダイム、アーサー・ローレンツと進めていたこのプロジェクトは、当初、とてもバラ色の未来を持っているようには思えませんでしたし、事実、その実現自体容易ではなかったのです。ミュージカルの筋書きは、第一幕の最後から早くも二人の人物が死に、悲しい結末に終わるのですから。そんなことは、ブロードウェイでは考えられないことでした。でも、時間が私たちの主張の正しさを証明してくれたことになりますね。

――ブロードウェイでの初演の日を覚えていらっしゃいますか？

L・B　一九五七年九月二十六日！　それは忘れられない晩になりました。夢が現実になるのを目のあたりにしたのですから。ええ、『ウェスト・サイド・ストーリー』は夢だったのです。そして私は、夢がそれに相応しい実現を見るよう、休みなく仕事をしました。もちろん、それは単に私にとってだけの夢ではなく、この現代的なドラマの創造に寄与した人たち皆にとっての夢だったのです。私について言えば、私はプロジェクトが目的を達成するためにできることはすべてしました。たとえブロードウェイでは何もけっして確実ではなく、あるスペクタクルあるいはミュージカルが成功を収めるかどうかは誰にも事前に分からないとしてもね。

――『ウェスト・サイド・ストーリー』を作曲していて、あなたはどんな種類の困難に出会ったのですか？

L・B 何年もの間、プロジェクトはスロー・テンポで進行していったことを思い出します。

――いつあなたは音楽を作曲し始めたのですか？

L・B 私の記憶が正確なら、私は一九四九年の終わりに音符を書き始めました。その時期には、とにかく、何らうまくいきませんでした。それから、突然、数年後になって、私のアイデアがはっきりしてきて、私は沢山の音楽を、わずかの間に、ほとんど一気に書きました。皆が私に言ったものですよ。私が時間を無駄にしているとか、そんなストーリー、そんな音楽、そんな結末では上演も十日間以上は続かないだろうとかね。それは初演の時に繰り返し生じる気の滅入る問題だったのです。ブロードウェイでは「悲劇」は当たりを取ることができなかったのです！けれども、私には、自分の書いているものが意味のあるものだということが分かっていましたし、それに、私は満足していました。音楽がふさわしくない、と私に言う人もいました。つまり、それは耳にとっても、そしてブロードウェイの趣味にとっても余りにも「アンガジェした［社会問題に積極的に関与した」」ものだったわけです。したがって、誰も、最初からはっきりと不利な立場にあるプロジェクトで我が身を金銭的な危険にさらそうとしなかったのです。誰が「マリア」のハ音から嬰ヘ音という増四度音程や「トゥナイト」の音域を歌うことができたでしょう?

——問題は声楽上のものだけだったのですか?

L・B　いいえ、他のものもありました。問題はありすぎた、と言いたいほどです!　オーケストラの編成は、初演劇場「ウィンター・ガーデン」には音楽家全員を入れるだけの場所がないという理由で縮小されましたし、たとえば、そのようにして、私は管楽器のパートを簡略化しなければなりませんでした。それに、演出上の問題もありました。でも、最後には、万事が素晴らしく進行して行くのを見て、うれしくて泣いてしまいました。「やったぞ!」と叫んでしまいましたよ。

——指揮をしたのはあなたではありませんね。なぜですか?

L・B　単に段取り上の理由からです。私には時間がほとんどなくて、作曲の観点から実演を監督するだけで満足する他なかったのです。パート譜を見直し、フル・スコア全体を作曲家の目で追っていく必要がありました。ですから、それを演奏したり、上演を指揮する労は他人に任せたのです。

——初演があなたにどのような印象を与えたかをあなたはまだ語っていらっしゃいません。

L・B その晩は、何よりも、私たちのプロジェクトが実現可能なのだということを私に明らかにしてくれました。百人ほどの若者たちが見事に歌い、オーケストラは音符通りに演奏していたのです。若々しく、瑞々しい音符！ そしてなんと見事な装置！ スケッチは見せてもらっていましたが、ひとたび現実化されると、そのようにすばらしい結果をもたらすとは想像していませんでした。それに、リハーサルの間中、踊りは踊れるけれど演技はできない人やその逆の人、美声は持っていてもそれを活用できない人やその逆の人、等々といった具合に、ありとあらゆる種類の若者たちがいたことを考えるとね。リハーサルは惨憺たる結果になりそうだったのです。でも最後には、私たちは皆幸せでした。コロムビア・レコード会社の人たちまでが私たちを探しにやって来ました。当初彼らは、「一週間以内に打ち切りとなるようなスペクタクル」にはビタ一文投資しようとしなかったのに！ そしてまさにこのスペクタクルがコロムビア・レコードを破産の危機から救ったのです。信じられないでしょう！

——三十年近く後の一九八五年になって、あなた自身の指揮によるディスクがようやくリリースされましたね。なぜ、『ウェスト・サイド・ストーリー』の全曲初録音を行うまで、そのように長い年月お待ちになったのですか？

L・B 最良の条件で録音できる格好な機会を待ったのだと言えるでしょうか。『ウェスト・サイド・ストーリー』の音楽の大半は演奏が難しいと、よく音楽家たちに言われました。そう言えない部分もありますが、おそらくそれは一面では本当です。けれども、熟練した演奏家を選んだことで確実に万事闊達に演奏できましたし、この作品と結びついたもうひとつの夢、『ウェスト・サイド・ストーリー』をオペラ歌手と録音するという夢を実現させることが可能になったのです！　結果はすばらしいと思っています。ホセ・カレーラス、タティアーナ・トロヤノス、キリ・テ・カナワ、マリリン・ホーン、クルト・オルマン……超一流の配役です！　そのうえ、『ウェスト・サイド・ストーリー』全曲を指揮したことは、私に昔を回顧させてくれました。ええ、私は自分の青春時代に再会したのです！

――作曲家、指揮者、ピアノ奏者……これらすべてのバーンスタインのうち、どれがもっともオーセンティックなのですか？

L・B　どれが私にとって音楽家である最良の方法かを選んだり、宣言したりするのは不可能です。私の場合、そんなものはない、という単純な理由からです。はっきり言って、オーケストラの指揮と作曲との間でどちらかを選ぶことは私にはできません。実際、この私はここにいて、ひとりの人間であって、作曲家であると同じくらい指揮者でもあると思っているのです。交響曲を作曲する人物とそれを指揮する人物との間に相違はあるのでしょうか？　ベートーヴェンの交響曲第三番を指揮する人物とブロードウェイの劇場のためにできればミュージカルを書く人物との間には相違があるべきなのでしょうか？　そして、バッハの音楽についてのテレビ番組を準備している人物と、アメリカ音楽だけで構成された演奏会を催す人物との間に、私たちはどのような区別をつけるべきなのでしょうか？　そうしたことすべてには、何の違いもないと思います。どれかを選ぶなんて何の意味もない。書いている時私は作曲家で、指揮している時は指揮者で、ラヴェルの協奏曲を弾いている時はピアノ奏者なのですから！　とにかくそうした問いを自分に向けることはまずありませんね。私は音楽のために生きている、それで私には十分です。

――近作のひとつの中にも、私たちは作曲家と同様に指揮者の面影を認めますが……

L・B　『オーケストラのためのディヴェルティメント』のことですね！　あの作品はボストン交響楽団から、同楽団の定期演奏会シリーズ開始百周年を祝うために委嘱され、一九八〇年九月二十五日に初演されました。それは、私が少年時代を過ごしたボストンの町に対する私の愛の証なのです……

――そしてあなたの指揮者としての活動の証。

L・B　それは何よりもまずノスタルジックな作品だと言っておきましょう。私は、私のボストンでの勉強時代や、その後、ボストン交響楽団を指揮した時代を通じて耳にした音楽を引用しました。それは、百周年（Centennial）とボストン交響楽団（Boston Symphony Orchestra）のイニシャルに対応する二つの音［C音（ハ音）とB音（英米式でロ音）］に基づいて構築されています。『ディヴェルティメント』を構成する楽曲の大部分は、しばしば誰にも分かるような哀愁によって曇らされているにせよ、ダンス的な性格を持っています。私は、オーケストラのさまざまなセクションを際立たせるために、ひじょうに多数の楽器を活用しようと努めながら、それを管弦楽化しました。弦楽器のためには「ワルツ」があり、管楽器と打楽器のためには「ブルース」があるといった具合いで、それに成長段階の私を取り巻いていた諸作品への一連の暗示が加わっているのです。私の母に捧げようと思ったこの作品には大変愛着を覚えています。ストラヴィンスキーは、ボストン交響楽団から創立五十周年を記念して委嘱され、『詩編交響曲』を書いた際、それを「神とボストン交響楽団の栄光に」捧げました。当時、その献辞から「これこそ二人のパトロンに同時に仕える最良のやり方だ」という機知に富んだ表現を思いついたのです。それで、厚かましくもストラヴィンスキーにあやかり、私も二重の献辞を記すことにしました。「ボストン交響楽団と私の母に」とね。そのようにして私はその献辞を同様にボストンの町にも差し向けることができますし、それでまさに問題をすべて解決したというわけです!

——近作の中に『アリアとバルカロール』がありますね。あの作品はどのようにして生まれたのですか?

L・B 『アリアとバルカロール』は私が作曲したもっとも美しいもので、私はそう確信しています。さらにそれは調性に対するひとつの愛情告白でもあります。私はそれを書く必要を感じたのです。それはチクルスのかたちを成すアリアとバルカロールの作品集で、私自身が書いた歌詞に基づき、四手ピアノと四人の歌手のために作曲されています。私は実にダイナミックな若者ティルソン＝トーマス［一九八八年の初演当時、もはや若者とは言えなかっただろうが、バーンスタインの目からすれば］と一緒に、その初演をイスラエルでやりたかったのです。実際、私はそのチクルスを、スコアを書く随分前に頭の中で作曲したのです。そして、私はそれをけっして紙の上に固定してしまわずに、長年の間心の中にしまっておきました。一九六〇年の終わりから私は当時のアイゼンハワー大統領の言葉を記憶に刻み込んでいました。彼はホワイト・ハウスでの演奏会の後で私のところに挨拶に来て、こう言ったのです。「私はあなたが演奏した最後の楽曲をとても素晴らしいと思いましたよ。つまりそれには主題があるからです。私は主題を持った音楽が好きで、特にアリアとバルカロールが好きなのです」と。それで、しばらく前に、大統領のことを再び考えて、その後ついに私はこのチクルスを紙の上に書いたのです。でも、現在、私はすでに大がかりな悲劇的なオペラの準備をしていて、それに大変夢中になっています。

――ホロコーストに捧げられたオペラですか？

L・B　ええ、でももう、私が最初の頃考えていた『ホロコースト』という題名ではありませんけれどね。それは、『静かな場所《ア・クワイエット・プレイス》』に次ぐ私の第二のオペラ作品です。ウィーン国立歌劇場、シカゴ歌劇場、そしてエルサレム財団から頼まれたのですが、まだそれを仕上げられないでいます。とりわけ、『静かな場所』の台本を書いてくれたスティーヴン・ワズワースが、私の提案した主題に立ち向かう勇気を持たなかったからです。このオペラは第二次世界大戦このかた五十年の歴史を表現するはずです。ストーリーは数々の場所、様々な町で繰り広げられることになっています。たとえば、最初には、まだナチに占領されていないウィーンを想像しています。そのうえ、このオペラはいくつかの言語で書かれ、東ヨーロッパやソ連の収容所などにおける悲劇的な情景も加わるのです。けれども私は幾分悲しい気分です。というのも、ホロコーストの残虐性を描くことを引き受けてくれる作家がみつからないからです。

——またしても死の問題、というわけですか?

L・B　ええ、けれども私は、いつの日かより良い世界となるだろうとつねに考えています。私が育んでいる希望は、おそらく私の魂の救済の道なのです。私はしばしばこの問題について思いを巡らします。私たちは新しい世界を築かなければならないし、そのためには古い世界を壊すだけでは十分ではありません。つまり古い世界の改善に成功すべきで、私たちはそうした努力に全力を注ぐべきです。けれども私たちの時代を絶望に陥れた二大戦が終わってすでに数十年になるというのに、私たちは相変わらず戦争状態が続いているという印象を持っています。単にユダヤ民族のことではなく、全人類のことを考えてそう言っているのです。私は戦争が大きらいです。それが芸術家としての私を否定し、私を排斥し、私を侮辱するからです。もし私が戦争を信じる——そして私たちがそう考えるようつねに仕向けられることは間違いありません——としたら、私はもはや語ることもなく、特に、作曲をしたり指揮をしたりするのを止めるでしょう。次の戦争はすべてを消滅させることになるでしょうし、そうなったらお終りです！　ああ！　これらの問題について論じる際、私は多分先の方まで行き過ぎてしまうのですが、私はそうしたことすべてをぜひ書いておかなければならないと思っています。

――音楽と作曲の技法に話を戻しましょう。二十世紀のアメリカ音楽の中で何が残るでしょうか？

L・B　アイヴズです！　合衆国でもっとも偉大な作曲家のひとりですし、彼の音楽については今日なおあまり語られていませんし、正当に評価されていないのですが、いずれにせよ、その音楽はガーシュイン、バーバー、コープランド……に並ぶものです。

――あなたはつねにチャールズ・アイヴズのもっとも熱烈でもっとも説得力に富んだ擁護者でしたし、しばしば彼の音楽を、ヨーロッパにおいてさえ、指揮してこられました。しかしなぜ、アイヴズの音楽はなおそれほど誤解されているのでしょうか？

L・B　私自身その問題を何十回も考えてみましたが、どのように答えたらよいか分かりません。もっとも実際には、おそらく、たとえ私には幾分不可解だとしても、説明はつくのです。アイヴズの音楽は往々難しいし、特に「アメリカ的」です。というわけで、それは、私たちアメリカの音楽作品の大部分同様、ほとんど演奏されてこなかったのです。私はこの事態を改善しようと努めてきましたし、今日では、アメリカ音楽はあちこちで演奏され、大部分の聴衆は次第に歓びを感じるようになっていると言うべきでしょう。一例だけ挙げてみましょう。アイヴズは交響曲第二番を一九〇二年に作曲しましたが、それが初演されたのは一九五一年にすぎません！　傑作がですよ。私はもうじきアイヴズを特集した新しいディスクをリリースします。交響曲第二番、『答えのない問い』、そして他のほとんど知られていない管弦楽小品をちょうど録音したところです。私はそれらにとても満足していると言うべきでしょう。

――あなたはアイヴズをどのように定義なさいますか？

L・B　チャールズ・アイヴズは「プリミティヴ〔素朴派〕」の作曲家です。けれどもオーセンティックな「プリミティヴ」であって、まったくアイデアに欠けているという理由から時々「プリミティヴ」な自分を露わにしたり、そう宣言したりするような作曲家たち――あるいは芸術家たち――すべてと混同すべきではありません。逆に、アイヴズは、単に自分の国の味わいのみならず、同様に自分の時代の感受性をも表現できた偉大な「プリミティヴ」の作曲家でした。それは本当のように見えないけれど、真実なのです。アイヴズは保険業者でしたが、それは表向きの生活においてだけのことです。実際には、田舎の静かな生活、愛国的な歌、歌謡曲、ポピュラーな旋律を愛した音楽家でした。彼はそうしたものすべてを信じられないようなやり方で自分の中に取り込んだのです。ストラヴィンスキー以前にすでに「不協和〔耳障り〕」な音響を操る術を心得、しばしば四分音や不規則なリズムを活用しましたが、それらは、その上、彼の生来の素朴さとつねにぴったり調和していたのです。そして彼の天与の才はまさにそこにあるのです!

——アイヴズのもっともすばらしい作品は何ですか?

L・B 『答えのない問い』は大変美しい楽曲で、おそらくアイヴズが作曲したもっともすばらしい作品です。少なくともアメリカでは、彼のもっとも有名な作品でもあります。時折、それは私にマーラーの交響曲第九番のフィナーレを思い出させます。二つのスコアはまったく違うのですが、それらの雰囲気はかなり似通っています。またアイヴズは二十七歳の時に交響曲第二番を作曲しましたが、当時彼は少なくとも音楽家であると公言するのが憚られるような環境で生活していました。そして、それでも、彼は単に彼自身の困惑のみならず、そうした環境をも表現したんです……

——この交響曲で、私たちはバッハからブルックナーに至るドイツ音楽の伝統に再会する、とあなたは書いていらっしゃいますね。そして実際、ヴァーグナーの『トリスタンとイゾルデ』からの明らかな引用、そして、ベートーヴェンやドヴォルザークなどからの引用も全般的に見受けられます……

L・B たしかに。けれども交響曲第二番はベートーヴェンのようにもヴァーグナーのようにもけっして響きませんし、それらからは程遠い! 真先に認められるのはアイヴズの様式です。アイヴズは、他のいかなるアメリカの作曲家にもまして、ヨーロッパの伝統と、「新世界」の賛歌や民謡や行進曲とを結びつける術を知っていたのです。まさにそのために、彼の音楽はナイーヴであり、また、各々の事柄に相応な重みを与える準備のつねに整った、繊細なユーモアに満ちているのです。それに、チャールズ・アイヴズは世界全体に向かって「私は作曲家だ、〈アメリカの〉作曲家だ！」と叫ぶだけの力と勇気を持った最初の作曲家でした。

――あなた自身、〈アメリカの〉作曲家だということで非難されましたね！

L・B　私の音楽はあらゆるジャンルの批判と賛辞を引き起こしました。けれども、私は〈アメリカの〉作曲家であることに誇りを持っていると言っておきましょう。というのは、アメリカで、私たちはなお音楽を信じているからです！

――あなたがお知り合いになられた作曲家の中で、あなたにもっとも強烈な印象を与えたのは誰ですか？

L・B　完璧なやり方で答えたいのですが、それでは時間がかかりすぎてしまいますし、何人もの人物に触れる必要がありますが、それらの名前を挙げるだけで我慢できるか自信がありません。各々の出会いの背後には、いつもひとつの物語があるんです。たとえば、ショスタコーヴィチ。私はソ連まで出向いて彼の音楽を指揮しましたが、ショスタコーヴィチは大いに苦悩する人間でした。それに、彼の音楽自体、苦悩そのものです。それにしても、ベーラ・バルトークは私にとってまったく並外れた人間のように思われました。

――どのようにしてベーラ・バルトークとお知り合いになられたのですか？

L・B　私が最初にバルトークを見かけたのは、ワシントンの国会図書館で、エリザベス・スプラーグ・クーリッジの後援で開かれた演奏会においてでした。その後、近代美術館でだったと思いますが、彼の作品がいくつか演奏された折、私は彼と個人的に知り合いになり、少し話をしました。あまりにも感動してしまって、彼のはっきりとした姿を記憶にとどめられなかったほどです。それで現在、私は彼の特徴を正確に思い出せないのです。彼は私が出会ったもっとも立派な人物で、傑出した、貴族的な、品格の備わった紳士で、小柄な、まるで陶器でできたかのように華奢な人物でした。でも、能力と決断力に満ち、私の妻のように、ひじょうな勇気を備えた英雄でした。私はそのような人物、『アレグロ・バルバロ』を作曲した当人を前にしてぼう然とし、感激していました。

――初めてバルトークの音楽を耳にされたのはいつですか？

L・B　少年の頃です。私は特に彼のピアノの作品に親しんでいましたし、楽譜を沢山買ったのを覚えています。特に彼のブルガリアのリズムに魅せられていました。それから、私は、ハーヴァードで知り合った私の親友のひとり、ラファエル・ヒリヤーのおかげで、弦楽四重奏曲にアプローチしました。ヴァイオリン奏者のラファエルは、バルトークの弦楽四重奏曲全曲を演奏した最初の団体であるジュリアード弦楽四重奏団のヴィオラ奏者となった人物で、彼のおかげで私はバルトークの弦楽四重奏曲に親しむようになり、今でもしばしば聴きます。

――バルトークの音楽の独創性は何なのでしょうか？

L・B　バルトークの場合、私は彼の音符の選び方にいつも好感を抱いてきました。それらの音符は、彼の音楽において、普遍的であると同時に「国民主義的な」響きを持っているのです。作曲家にとって、それは大切な資質です。彼のユーモアにも同様につねに魅了されてきました。バルトークは、幾分ヒンデミットに比べられるような、また、無論独特なやり方でですが、偉大な「ユーモアに富んだ」作曲家ハイドンにさえ比べられるような、皮肉を込めて冗談を言える能力を持っていました。また、時にガーシュインのジャズとも類似している、彼の四度音程の図式を忘れるわけにはいきませんね。それから、バルトークは同様に、並外れた旋律的霊感に恵まれていました。『ピアノ協奏曲第三番』にはきわめて宗教的なコラールが聞き取れますが、それは人生の残酷さと絶えず戦っています。『弦楽器、打楽器とチェレスタのための音楽』の冒頭に置かれたフーガ以上に宗教的な楽曲はあるでしょうか？　それがベートーヴェンの作品一三一のフーガに似ているなんて信じられません。大部分の指揮者たちはこの楽曲［フーガ部分］をひじょうに速く指揮しますが、私は、逆に、いつもそれをひじょうにゆっくり指揮します。その方がバルトークが私に語りかける不安や信仰の必要をより良く表現できると思うからです。

――二十世紀のもっとも偉大な作曲家たちは誰だとお考えになりますか？

L・B　ストラヴィンスキー、ヒンデミット、プロコフィエフ、ドビュッシー、コープランド、バルトーク……二十世紀が音楽的に見て貧弱だなんてまったくうそですね！

――私はひじょうに創造力に富んだ世紀だと、大変才能のある作曲家たちが創作活動を行った世紀だとつねに考えてきました。

L・B　私が名前を挙げた作曲家たちは、彼らの大半が前の世紀に生まれたにせよ、皆私たちの世紀に属しています。彼らは才能と天分とを同時に持ち合わせていました。バルトークは第一級のものしか作曲できませんでしたし、彼の創作には、他の作曲家のに劣るような楽曲を見出すことは困難です。

4 指揮の技法

エンリーコ・カスティリオーネ（以下――と略す） 最近、あるインタヴューで、グスタフ・マーラーがとりわけ好きだと言っていらっしゃるのを読みました。けれども、別のインタヴューでは、「モーツァルトの得も言えぬほど素晴らしい和声」がたまらなく好きだと公言されていますし、先日のテレビ放送では、「他のどんな作曲家の音楽にもましてチャイコフスキーの音楽」が好きだと断言なさっている……あなたの特にお好きな作曲家は、本当は誰かとはおたずねしません。正直なところ、けっして誰と決められないのだと思いますから。しかしそれでは、どのような理由で今触れたような考えを公表されるのですか？

レナード・バーンスタイン（以下L・Bと略す） 実際には、大抵の場合、誘導作戦を仕かけられるからで、そして私は黙っていられないのです！ でも、おっしゃる通り、誰とけっして決められないでしょうね。先のような断言の各々には、それでも一面の真理があります。私たちには皆好きなものがあり、それはまったく自然なことです。けれども、自分がもっとも敬服する作曲家は誰だとか、自分の感受性にもっとも近いと思われる作曲家は誰だとか言えるとは、次のような単純な理由で思っていません。つまり、私が特に愛する作曲家は、つねに、私が演奏会のために研究している人物だからです。たとえば、今私はドビュッシーの『海』を新たに録音することになっていて、そのスコアを読み直しています。しばしの間、スコアを再び採り上げ、研究し、リハーサルをし、メモをとり……クロード・ドビュッシー？　ええ、私は他のどんな作曲家よりもドビュッシーが好きです。このところ、彼の音楽と一緒に生きているのですから……その代わり、一か月後には、多分プロコフィエフの方が好きになっているでしょう。改めて彼の『古典交響曲』を録音することになっていますから……お分かりでしょうが、この問題では、私は約束を守る人間ではありません。明日、あるいは来月になったら、マーラーが好きだと言うかも知れませんし、ショスタコーヴィチ、あるいはガーシュイン、あるいはシベリウスが好きだと言うかも知れない……私の場合、絶対に好きな作曲家については語れないと思います。私が特に好きなのは、まさに、むしろ音楽なのです。

——あなたの「音楽のための生涯」の道程を振り返ってみると、あなたはもっとも多くのディスクを録音している音楽家のひとりだということに気づきます。ご自身の演奏を自分で批評してみるということはありますか？

L・B　ええ、あります。しばしば自分の演奏を聴き直しますから。自分の録音を聴き直すのを嫌う指揮者が随分いることは知っています。他の人が耳を傾け、それについて判断を下しているものを、自分では聴かないようにするというのは、私にとっていささか奇妙に思われます。私に関する限り自分の録音が「偉大な」指揮者の録音かどうか、よく分からないと早速言っておきます。今日、この「偉大な」という言葉は濫用されていますし、何が本当に「偉大」で、逆に、何が絶対にそうでないかは分からなくなってしまったと思いますが。

——でも、あなたはご存じだと確信していますが……

L・B　なるほど……けれども、私の録音のどれが、あるいは私の演奏のどれが本当に素晴らしく、どれが凡庸あるいはひじょうにまずいかは、私には分かりません。私には客観的、公正で、信頼できる判断は下せないのです。本当のところは、各々の演奏会について、自分の背後に作曲家にいてもらって、後で、自分はどう指揮したか彼にたずねる必要があるのでしょうね。彼だけが、私たちの演奏のレヴェルを確実に明らかにできるのだと思います。

——オーケストラの指揮者にとって、作曲家によって精神的に制御されていると感じ、また自分の指揮の仕方を観察されたり、非難されたり、褒められたりしていると感じることは重要なのでしょうか？

L・B　今日の指揮者の大部分は、指揮をする際、もはや作曲家のことを考えていないと思います……けれども、私たちの各々は、各々の演奏会で、ベートーヴェンやモーツァルトやブラームスが自分の味方についていてくれると確信する必要があるのではないでしょうか。そうすることによって、自分の責任を一層明確に感じられるように。指揮者は、一般的な意味では、音楽によりもむしろ作曲家に仕える立場にあります。もちろん、現代の指揮者が、音楽生活において、ほとんど作曲家に取って代わらんばかりに、きわめて重要な位置を獲得するようになっているのを忘れるわけにはいきません。けれども、モーツァルト、ベートーヴェン、ヴァーグナー、チャイコフスキーといった人々は自分の作品を自分で指揮していましたし、当時は、オーケストラの指揮だけに専心する音楽家はひじょうに稀だったのです。今日では逆に、作曲家たちは、色々の理由から、自分の作品を他人に指揮してもらう方を好むようになっています。ですから、指揮者は、私たちの音楽生活の重要な、基本的なとすら言える要素になっています。すべてが指揮者を介して伝わっていく。だからこそ、指揮者の責任は昔よりも一層大きくなっているわけです。作曲家に代わって譜面台の前に立つ任務が彼に委ねられるのですからね。けれども、作曲家は相変わらず彼の理想の審判者です。指揮者がうまく指揮したか否かを言えるのは作曲家だけです。

——あなたは例外というわけですね？

L・B　私は幸せな音楽家だと思っています。自分の生涯を通じてレナード・バーンスタイン以上に幸せな人間に出会ったことはない、とあなたに言えるほどです！

——あなたは多くの作曲家たちの音楽を彼らが生きている間に指揮されてきました。次の名を挙げるだけで充分でしょう。メシアン、コープランド、ストラヴィンスキー、ショスタコーヴィチ……

L・B　悲しいことに、他の多くの作曲家については叶いませんでしたが。たとえば、少なくとも一回はモーツァルトの前で指揮したかったですね！　でも不平を言えた義理ではありません。何人かの現代の偉大な作曲家たちは、私が彼らの作品を指揮するのに耳を傾けてくれ、多くの敬意と愛着の気持ちを私に明らかにしてくれましたから。

——あなたはかつて、自分はあるひとつの演奏の質が分かる最初の人物だと断言されましたね……

L・B　実を言って、あるリハーサルや演奏会で何がうまくいっていないか、最初に分かるのは私です。私はすぐにそのことに気づきます。それに、それは誰にでも分かるものです。もっとも、そうした能力に限界はないのかどうか、私には分かりません。たとえば、うまく指揮した時、そのことに気づくのは稀なのです。けれども、それが分かると、私は自分のオーケストラと演奏したものに満足している、幸せな音楽家だなと思います。

——指揮者について語る際、指揮者の前にはオーケストラがいるということを忘れて、「誰それの音」といった類の表現を用いる人たちがいますが、あなたは同意なさいますか?

L・B　私はいつも私の生徒たちにこう教えてきました。指揮者は、何よりもまず、音を出すのは自分ではなく、音楽家の集団であり、自分の務めは「オーケストラ」と呼ばれるその集団を誘導していくことなのだということを理解すべきだ、とね。「指揮者の音」など存在しません。音はオーケストラの特性なのですから。そして各々のオーケストラには、無論のことながら、それに固有の音があります。指揮者の責任はひたすら演奏に、したがって楽譜に基づいた再創造にかかっています。指揮者の態勢が整っていることは必要ですが、それ以上にオーケストラの態勢が整っていなければならないのです。次いで、指揮者とオーケストラの両方が恩寵を与えられた状態にある時、その時にこそ、良い演奏会になるのです。すべて至極単純に思われますが、実際にはその反対ですね。

――「共同参加」とでも言ったものを考えるべきなのですね。

L・B　たしかにそうですね。指揮者の役割はオーケストラのそれとはまったく違うのですから。つまり、指揮者は音を誘導し、オーケストラは音を生み出すわけです。

――いつあなたはご自分の演奏が良いと判断されるのですか?

L・B　私には一種の「指示器」のようなものが備わっていて、それによって、私が良いと見なすものと、そうではなくて、直す必要のあるものとが区別できるようです。けれども、今私は道具と呼んでおきますが、その「道具」はまったく個人的なものですから、私が良いと見なすものでも、他の人たちにとってはそうでないかも知れません。演奏会では、とにかく、それがフルに機能します。退屈すれば、何かが円滑に運んでいないということが分かります。そして、気が散ってしまい、以前には目につかなったランプや、私の前に座っている音楽家の髪形の新しいカットに気づいたりすることもあります。要するに、集中力を失ってしまうことがあるのです。恐ろしいことですよ！　空虚な気持ちで、譜面台の前に立ち、もはや何をすべきなのか分からず、もはや何をしているかさえ分からないのですから。刻々と確実さが失われていくように思われ、頭はもはや理路整然としているどころか、まったくの混乱状態に陥ってしまう。逆に、音楽が、速やかに説得力を持って流れていくと、演奏会の最後に、私は、自分が指揮したものによって満たされ、癒されているのに気づくのです。その場合には、「良い」演奏会と呼ぶべきものを指揮したということが分かります。自分が最大限のものをもたらし、うまく指揮したと感じますね。そして、私が作品を、あたかもそれが私のものであるかのように、私自身が書いたものであるかのように、演奏会の間中生き抜いたのだということに気づくのです。

――それは指揮者にとって最大の喜びですね。

L・B　その満足感といったら、口では言い表せないほどです。それは魂の奥底まで浸みわたります。そしてすべてが不思議なくらい自然なのです。けれども、私の指揮法の評価が問題となる場合、どこまで私が客観的でいられるか、分かりません。それに、私は、指揮者としてではなく、作曲家としてあなたにお話ししています。私は、指揮している時でも作曲している、私はそう確信しています。そうした演奏会の最後で、私は、それまでと違った、素晴らしい、魅惑的な光に照らされているという気持ちになります。その光が私を夢から引きずり出すのです。それで何秒か経つと、ようやく、私は、幸福感か、時には、悲嘆や不安感や、とても危険な絶望感に満たされて我に返ります。チャイコフスキーの『悲愴交響曲』やマーラーの『第九交響曲』を指揮した後では、もはやノーマルな人間ではいられませんから。そのような演奏会では、気分が余り良くありません。それに、チャイコフスキーの音楽のように、不安に苛まれ、メランコリーに満ちた音楽が持つ苦悩にどうやって抵抗できるでしょうか？　マーラーの陰鬱な呼びかけにどうやって苦痛を感じないで耐えることができるでしょうか？

――特に六十年代、あなたの指揮ぶりは、しばしば批判の的になりました。極端に傍若無人だとあなたを非難した人もいましたし、とりわけベートーヴェンやマーラーの音楽を指揮する際、譜面台を前にしたあなたの動作の華々しさに疑問を呈する人もいましたね。あなたは、どう答えられますか？

L・B　そうですね。批判されても、どうしようもありません。私は答える必要すら感じませんね。多分書かれているものすべてに目を通す暇がないからでしょう。絶対的な確信を持ってあなたに言えるのは、私がいつもまったく自然に音楽を生き抜いてきたということであり、けっして、断じて、自分を目立たせるために演奏会を指揮したことはない、ということです。私はつねに、むしろ、ひとつのメッセージや体験や確信を伝えようとしながら、他の人々に対して何か美しく建設的なものを表現しようと努めてきました。私は、演奏したり、作曲したり、あるいは一枚のディスクを聴くことなしには、一日たりとも生きられません。一言で言えば、音楽なしには生きることができないのです。音楽なしには一週間以上生き延びられないでしょう。同じように、私は、私の聴衆とコミュニケーションを交わすことなしには、指揮できないでしょう。そして私は、可能な限り生き生きとした、完全なかたちでそうしようと努めています。他のすべての芸術と同様に、音楽は生き生きとした普遍的な何ものかであるからです。私は全力を注いでそうしようと努めています。それに、そうしたことは、すべての作曲家およびすべてのオーケストラ指揮者の義務です。私の指揮するもの、したがって作曲家の書いたものを、全力を注いで伝えることが私の義務であり、音楽家たちにアタックを指示する際に、私がどれだけ的確であるとか、チェロのあるフレーズを特定の瞬間に導き入れる際、私がどれだけ正確であるかを示すことではないのです！ そうした指揮のやり方は私のものではありませんし、私は、すべて私のものであるような音を「構築」しようと努めたことはいまだかつてありません。私はむしろ聴き手を特定の作曲家の音に、あるいは作曲家としての私の音に近づけようと努めてきました。

——それでは、あなたはご自分のジェスチャーをどのように定義なさいますか？

L・B　ひとりの音楽家のそれですね。指揮者のではありません。私は指揮者ではなく、自分の芸術と人生を愛している人間の自然さを以て指揮している作曲家なのです。鏡の中の自分を見つめながら指揮しようとしたことなどけっしてありません。子供の頃だって、けっして。私にとって、そのようなことは拷問にも等しいことだったでしょう。若いオーケストラ指揮者には、才能に恵まれた者は指揮台に上がりなさいと勧めています。指揮者としての才能に恵まれていれば、あとはひとりでに生じるのです。もちろん、指揮台に上がり、指揮棒を愚かしく振り回し、「拍子」をとり、アタックを正確に指示するだけでは十分ではありません。音符の中に隠れている音楽の歓び、苦しみ、苦悩、悲劇あるいは無頓着を忌憚なく伝えなければなりませんし、いかなる計算も伴わず、他人の苦しみを喜んだりすることもなく、伝える必要があります。そのようなわけで、鏡の前で指揮の稽古をしたと言われるのには我慢できないのです。それは指揮の芸術［＝技法］の否定です！　長年の間、私は自分がどのように指揮しているのか分からずに指揮してきたんです！　びくびくしながら指揮台に近づいたものですし、ほとんど震えんばかりでした。そして自分がどのように指揮しているのか分からなかったのです。自分の姿を見ることができませんでしたからね。音楽家たちにアタックの指示を与えるや、私は、自分に構うことなく、無限の愛を以て音楽を抱きしめていたのです。そしてすべてがうまく行っている場合、何も、爆弾ですら、私を指揮の譜面台から引き離せなかったでしょう。次いで、私が収録し始めたテレビ番組のおかげで、私は、狂ったように指揮台の上で暴れている青年の動きを観察せざるを得なくなりました。その青年、それは骨も身も、私自身だったのです。それで分かったわけです。批評家たちの言い分はもっともで、私には彼らを非難することはできませんでした。けれども、それ以来、私を批判していた人たちの言うことがいつももっともであるよう、あらゆることをしてきた、ということになりますね！　モーツァルト、ベートーヴェン、マーラー、そして他のあらゆる作曲家たちは、自分の音楽が感受性を欠いた人物によって演奏されるようにと、自分の音楽を書いたでしょうか？

――ニューヨークで、ある演奏会のリハーサルの折、アメリカの若い女性ジャーナリストが、あなたにとってオーケストラを指揮するとはどのようなことを意味するのか、とたずねましたね。あなたはこう答えられた。「オーケストラを指揮するというのは、セックスをするようなものですよ。そしてセックスをうまくやるのと同様に、それは全然簡単じゃない。そうでしょ？」この発言は随分物議をかもしました……

L・B　覚えてますよ……私は、深く考えずにそう言ってしまったのです。恐らく、まったく月並みな答えを要求するまったく月並みな質問を私にしたその若い女性ジャーナリストを怒らせるためにね。それに、そうじゃありませんか？　指揮をするのはセックスをするようなものですよ。私たちは皆、私は指揮台で、音楽家や歌手たちは各自の位置で、私たちは演奏する度にセックスをしているのです。私の音楽家たちは私の愛人です。私は本当に沢山、千人もの愛人を同時に持つわけです！　それは人間的な観点からしても素晴らしい体験です。そこには聴衆も加わります。結局、音楽は愛の行為であり、愛として、必然的に共有を要求します。私が、ただひとりで、どんなに素晴らしい夕日に立ち会っても、私にとって、誰も私の傍らにいない、その光景の歓びを共有する人が誰もいないわけですから、それは存在しないのです。同様に、おかしな話を聞いても、ひとりだと、それは私を笑わせません。共有なくしては何も存在しないのです。そして音楽はおそらく他のすべての芸術にもまして、同時に何人かの人々、二人、百人あるいは千人の人によって体験され、共有されることを要求します。

――一九四三年十一月十三日に、ジェニー・トゥリエルとニューヨークで初演なさったあなたの歌曲集『私は音楽が嫌い』の一曲で、あなたは「音楽、暗い大きなホールには人が沢山、でも本当にそこにあるものなど、誰も気にしちゃいない」と書いていましたね。でも翌日はカーネギー・ホール、何百人もの人々の集まった明るいホールで、あなたはデビューなさった……

L・B　その晩、私は自分の人生のホールを見出したのです。すべてが一挙に明るくなった……

――一九四三年十一月十四日の晩ですね。その日、あなたはブルーノ・ワルターに代わって、ニューヨーク・フィルハーモニックの指揮台に立たれた。あなたは、すでに作曲家およびピアノ奏者としては注目されていたにせよ、著名な音楽家ではなかった。しかもディミートリ・ミトロプーロスが「天才少年」と語った青年――彼は、その青年がショパンの『ノクターン』と自作を演奏するのを聴いた後でそう定義したわけですが——は、もっぱらアメリカで教育を受けた指揮者であり作曲家だったわけです。他方、当時の聴衆は、ヨーロッパの教育と伝統を体現した大指揮者による演奏会に出かける習慣がありました……

L・B　クーセヴィツキー、ミトロプーロス自身、オーマンディ、ロジンスキー、ストコフスキー、トスカニーニ、フリッツ・ライナー……素晴らしい時代でした！

——その晩、聴衆はぎりぎりの時になって、ブルーノ・ワルターが悪性インフルエンザのために休演し、「アメリカで教育を受けた若い指揮者」が代わりを務める、ということを知らされました。何人かの人は立ち上がり、出て行ってしまいました……それでも、演奏会は予想外の大成功を収めました！

L・B　その晩、私はとても感激していたのを覚えています。私がニューヨーク・フィルハーモニック・オーケストラの指揮台に！　本当にいつの日かそこに上がるなどとは全然考えていませんでしたし、ロジンスキーが私を代理に指名した時ですら、そう思っていませんでしたから。私は、誰かがそのように急に病気になり、私が代役を務めるよう呼び出されるとは考えていませんでした。客演の指揮者が休演することになったら、代理を務めるのはいつもロジンスキーでしたから。実際、その晩は、まさに私が、準備の余裕もなく指揮せざるを得ないよう、万事が起こっていったのです。シューマンの『マンフレッド序曲』のために、音楽家たちにアタックの指示を与えた時でも、演奏会を指揮していくのがこの自分なのか、私には相変わらずよく飲み込めていない有り様でした。

――どのように代演を言い渡されたのですか？

L・B　演奏会の何時間か前、午後になってから、オーケストラの運営顧問のメンバーが電話をかけてきて、ブルーノ・ワルターが悪性のインフルエンザで床についてしまったことを私に教えてくれました。当時ワルターはもっとも大物の客演指揮者のひとりで、オーケストラの演奏会に定期的に出演していました。「ロジンスキーに電話して下さい。通常、彼が指揮するはずです」と私は言いました。「いいえ、それは不可能です」と相手は答えました。「何が起こったのですか？」ロジンスキーもまた指揮できない状態にあったのです。彼は大量の積雪のため、郊外のストックブリッジにある自宅に閉じ込められてしまっていたのです。彼もその晩指揮台に上がることはできませんでした。特別の出来事として随分前から待望され、ラジオで全米に放送されることになっていた演奏会を中止するのももはや不可能でした。

――降ってわいた幸運ですね！

L・B　ええ、でも私はただの一回もリハーサルをすることなく、指揮台に上がったのです。自分が指揮をしなければならないと知って、私はすぐにブルーノ・ワルターと話をするために彼のところへ行きました。少し動揺していましたし、また前夜の酔いからまだ完全に醒めてはいませんでした。実際、ジェニー・トゥリエルと、私の歌曲集『私は音楽が嫌い』を初演したばかりでした。ブルーノ・ワルターを訪問した後、私はカーネギー・ホールに駆けつけたんです！　素晴らしい演奏会でした。ボストンからはすぐに「君の演奏を聴いているところだ。素晴らしい。敬具。クーセヴィッキー」という電報が届きました。私の方は、ヘレン・コーツ［バーンスタインのピアノの師のひとり。彼の相談役、後には秘書役を果たす］に「順調にいっています！　敬具。レニー」というのを打ちました。最後に、ホール中に、割れるような拍手が鳴り響きました。そして翌日、私の名はアメリカ中に広まっていたのです。

——すぐに「ニューヨーク・タイムズ」は、前線から送られてきた報告と並んで、第一面であなたの演奏会を報道しました……

L・B　そして、それだけではありません。スキャンダルを売り物にする新聞は、私について、また私がニューヨーク・フィルハーモニックの指揮台に上がるに至った経緯について、実に多数の話をでっち上げたのです。それらの新聞のひとつは、私の父が、私の勉学の費用を支払い、カーネギー・ホールの舞台に上げるために、何十万ドルも使ったと書きさえしました。まさか！

——ベートーヴェン、シューマン、リストのような「完全な」音楽家のイメージが次第に見失われていくような時代にあって、あなたは作曲家であると同時にオーケストラ指揮者でもある稀な著名音楽家のひとりです。それら二つの活動の折り合いをつけることは難しいのでしょうか？

L・B　いいえ、と答えればうそになるでしょう。そして本当のことを言って、私はいまだかつてどちらかを選ぼうとしたことはないのです。望めば、フルタイムの指揮者になって、夥しい金額を稼げた時期の間でさえずっとそうでした。いいえ、私はお金のために生きてはいませんし、できる時には、ノー・ギャラでも指揮します。子供の頃から、音楽の虜になって以来、私はいつも、ただそしてひたすら音楽家であろうとしてきましたし、ピアノ奏者になった方が良いとか、指揮者あるいは作曲家になった方が良いとか、自分で考えてみたことなどけっしてありませんでした。「ハムレット的」ディレンマと言いますね。自分はどう「在る」べきか？　私にとって、私は作曲したいという欲望と共に生まれたようなものですから、作曲をあきらめるというのは「存在しない」も同然だったでしょう。

——選択の問題というより内面的な欲求なのだと思いますが。

L・B　まったくその通りです。私は必要にかられて生きています。私は、私が必要と思う事柄を、前でも後でもなく、まさにそうしたいと思う時に遂行するために生きているのです。自分のすべきことをはっきりと決定することはけっしてありませんし、自分に向かって心の中で次のように言ったりしたためしは、いまだかつてありません。「さて、この日にあのオペラのための最後のアリアを作曲して、その次の日にブラームスの交響曲第一番を指揮して、その後でオペラを仕上げて、そうして、やっと自分の昔の作品のひとつを指揮できるわけだな」などと。いいえ、そのようなことは私に似つかわしくありません。他の作曲家の音符が私の頭の中に住み着いている限り、私には一音符たりとも書くことはできません。その時の私の音符は、それらの他の作曲家の音楽だからです。同様に――そして、そのことについては、大いに確信があるのですが――、私の作品のひとつを中断してマーラーの第九を指揮することもできません！

――そうしたことはすべて、多分、大変な心理的労力を必要とするのでしょうね。まず自分の頭の中を空っぽにして、自分自身の音楽で満たしていくということは容易ではないはずです。

L・B　ええ、実際、単純では全然ありません。けれども必要なことです。それにしても、そうしたことすべてにひとつの秩序が存在するのかどうか、私には分かりません。

――私たちが何たるかを決定する秩序ですね。

L・B　また、私たちが急務だと感じる事柄を実現できるようにするのは、まさにそれなのです。

――音楽家たちが、まるで指揮者などいないかのように、あるいは尊敬に値する指揮者などいないかのように演奏している音楽会にしばしば出くわします。音楽家が指揮者に対して、あるいは逆に指揮者が音楽家に対して感じる尊敬は何にかかっているのでしょう？

L・B　ひとりの指揮者に対する尊敬は、リハーサル中の音楽家たちの態度にかかっていると考えるべきではありません。もちろん、もし音楽家たちの気が散っているなら、それを元通りにできなければなりませんし、またそれがいつものことなら、オーケストラの指揮をやめた方がましです。つまり、それは指揮台上にいる人物が指揮をするにふさわしくないという印だからです。

——さらに、オーケストラの人たちは、演奏によってひとりの指揮者がどんな人か明らかになる以前に、彼の資質について、ある考えを抱いています。

L・B　ひとりのオーケストラ指揮者と彼の音楽家たちの特質は、リハーサル中に明らかになっていきます。そのことを理解するためには、リハーサルのひとつに居合わせるだけで十分です。けれども、本当の結果が分かるのは、演奏会の時です。なぜなら、オーケストラのメンバーが、演奏についての指揮者の考えを理解したということを彼に証明すべきなのは、まさにその時だからです。それで、指揮者が良い場合、オーケストラが指揮者に多大な尊敬の念を示すと確信できます。逆の場合は、惨憺たることになります!

——で、あなたの場合は?

L・B　私の場合、経験から言えるのですが、音楽家たちはいつも、私を黙って迎え、微笑みながら立ち上がりますね。それは私にとって嬉しいことなのです。私はまさしく、彼らが私と演奏するために、その場に、自分の位置にいて幸せであり、微笑んでいるのをつねに見たいのですから。それから、彼らは見事な規律を以て演奏してくれます。音楽家たちが、前の週に、別の指揮者とすでに十回も演奏した後では、指揮者は音楽家たちにベートーヴェンの第五をどうしても演奏したいのだという気持ちを伝えることがぜひ必要です。言わば、そうしたことがオーケストラ指揮者の「秘訣」ですね。それを手に入れるのが易しいか難しいか、私には分かりません。しかし、オーケストラの注意力が散漫になったり、そうすべきように演奏していなかったりしていることに気づいても、私はそうした関心の欠如の理由を私以外のものに探し求めません。それは、私の態勢が整っていないということなのです。私に責任があるのであって、他の誰でもありません。ともかく、私の音楽家たちと私、私たちは、毎回音楽のために生きることを目的に再会するひとつの大きな家族のようなものです。

――ひとりのオーケストラ指揮者を「偉大」たらしめているものは何なのでしょうか？

L・B　オーケストラ指揮者は、単に自分自身の可能性だけではなく、自分の指揮するオーケストラの可能性をもつねに意識している厳格な音楽家でなければなりません。良いオーケストラ指揮者、あるいは、お望みなら、偉大なオーケストラ指揮者であるためには、指揮台に上がり、本当に望んでいるものを決してもたらすことのないオーケストラ奏者に対して文句を言ったり、わめいたり、罵ったりし始めるだけでは十分ではありません。オーケストラに、演奏についての自分のヴィジョンを押しつける前に、オーケストラを理解することから始める方が良いのです。オーケストラの価値や、全体として、あるいは別々に考えられた場合の楽器奏者たちの潜在的な能力を理解した後にようやく、指揮者は、自分が彼らに何を演奏してもらえるか、どのようにして彼らから最良の演奏を引き出せるかを自ら考えてみることができるのです。

――だとすると、オーケストラを指揮する歓びはどこから来るのでしょうか？

L・B　オーケストラを指揮する歓びはどこから来るかですって？　それは自分と自分の能力を絶えず再検討するということですよ。音楽が現実のものになるためには、すべて相互的に結びついた、えんえんと続く問いかけに答えなければなりません。この「クレッシェンド」はなぜ？　この「フォルテ」の意味は？　なぜここでは拍子を速くとらなければならないのか？、といった具合いです。ですから、音楽というのは、絶えざる問いかけであって、私たちは、時間と共に、私たちの人生や感受性に応じて変化していく様々な答えをもたらすわけです。オーケストラ指揮者はあらゆるタイプの問いに答えなければなりませんし、あらゆる答えはひとつの解明を要求します。単に音楽を指揮する術をわきまえるだけではなく、それを「解明」しなければならないからです。そうしたとめどなく続く問いかけと答えによってこそ、まさに、指揮の芸術［＝技法］は生き生きとしたものであり続けることができるのです。

――「解明する」という言葉で、あなたは何を言おうとしているのですか？

L・B　音楽を「解明する」、それは、もちろん、指揮台に立って、結局は何の意味もない議論で、何時間も何時間も音楽家たちを退屈させることを意味してはいません。いいえ、私はそのようなことを言おうとしたのではありません。私にとって、音楽を「解明する」とは、楽器から、ごく自然に、つまり、ひとつの仕種や跳躍やウィンクによって音楽をうまく引き出すことを意味します。要するに、それで言わんとしているのは、音楽の精神を「伝える」ということです。音楽は一筋の道、旅程のようなもので、私たちは毎回、まるで「初めての」道であるかのように、それを辿って行くのです。細心の注意を払って、もっとも些細な部分ですら一瞬たりとも見失わないで走破すべき道なのです。好奇心を持って発見すべき道でもありますね。音楽を構成し生み出しているあらゆる要素がきわめて明晰に浮かび上がってくるはずですから。

——そうすると、オーケストラ指揮者は、つねに新しく、つねに一層魅惑的であるような旅程を探し求めている永遠の学生ということになるのでしょうか？

L・B そうです。しかし、注意が必要です。オーケストラ指揮者は、折に触れて自分が発見したものを聴き手に伝える術をわきまえていなければなりません。そして、自分は、彼以前に作曲家がすでに発見していたものを再び見出すにすぎないのだということを忘れてはなりません。指揮者は、何よりもまず、正直で真剣な音楽家でなければなりません。正直さや真剣さによって、感受性は一層鋭くなります。演奏家たちや公衆に、ひとつの作品の独自性や魅力を伝えなければならないわけですから、音楽をあくまで真剣に探究できなければなりません。一度、ベルリンで、ベルリン・フィルハーモニー管弦楽団を指揮していた時、どのようにマーラーの第九を演奏して欲しいか楽団員たちに説明するのに、私は大変苦労しました。最初のリハーサルの後、私はベルリンを逃げ出したくなりました。というのも、推測はしていたのですが、オーケストラがマーラーを演奏するようには全くできていなかったのです。きれいで優美な音を出そうとするあまり、歪められ、抑えつけられてしまっていました……想像してもみて下さい。マーラーを、それも彼の最後の交響曲を、つねにあくまでもきれいで優美な音で演奏するなんて！　私は楽団員に、スコアの特定のページでは、ごつごつとグロテスクに——要するに醜悪に——演奏する必要があると説明しました。少しずつ、私たちはマーラーに近づき、そして、幸いなことに、私は演奏会を救うことに成功しましたが、何と苦労したことでしょう！

——ウィーン・フィルハーモニー管弦楽団とも、最初は、そうした障害に出会われたのでしょう？

L・B　私はウィーン・フィルハーモニー管弦楽団が大好きです。それは単に並外れて優れたオーケストラであるばかりではなく、特に、ひじょうに感受性の鋭いオーケストラだからです。よく言われるように、ウィーン・フィルは指揮させない、というのはまったく正しくありません。完全に誤りです。それは魅惑的なオーケストラですね。もちろん、だからといって、私が頻繁に指揮する他のオーケストラがそうではない、と言うわけではありません。各々のオーケストラには、私たちの各々がそうであるように、各自の長所と短所があります。それでも、ウィーン・フィルとはひじょうに特別な関係、ひじょうに特殊な共感や敬意があって、彼らと一緒だと私は腕一本だけ——しばらく前、私が転んで右腕を折ってしまった時、実際に起こったことです——でも、あるいは単に目や頭の動きだけでも指揮することができるのです。

——なぜオーケストラ指揮者は絶えず自分のレパートリーを見直す必要を感じるのでしょうか?

L・B オーケストラ指揮者にとって、スコアが「熟成した」状態になるなんてけっしてあり得ないのです。若い時に勉強して、隅々まで理解して暗譜してしまったから、新たに勉強したって何の得にもならない、などと指揮者は考えてはなりません。「いや、私にはスコアを読み直す必要はない。よく分かって暗譜しているから!」などと私はけっして言いません。私にとって、一冊のスコア、ひとつの交響曲、音楽は、自分を革新する継続的なチャンスなのです。ベートーヴェンの第九は、私はそれを何十回も指揮してきましたが、新たに指揮する段になる度に、私にとって全く未知のもののように思われます。そして指揮台に上がる前に、まるで初めてでもあるかのように、それを読み直し、勉強し、うっとりするのです。とはいえ、私はその交響曲を完全に暗譜していますし、ここでだって、すぐに、ベートーヴェンが書いた通りに再度書くことができるくらいです! 何百回も勉強し、指揮したものを読み直すのは、素晴らしい体験でもあります。毎回、以前には気づかなかった細部をいくつも発見するからです。そして、最終楽章まで、止められないんです。あのようなスコアの中に、そして音楽一般の中に隠れているものをすべて発見することなどけっしてできないでしょう。勉強し終えるなどということはけっしてないのです！

――特定の作品を暗譜するのに困難を覚えたことは、いまだかつてないのでしょうか？

L・B　バッハ、モーツァルト、ベートーヴェン、マーラーといった作曲家についてはありません！　それでも、時々、何人かの作曲家については幾分ためらったことがありましたね。

――たとえば？

L・B　メンデルスゾーンの作品の一部です。その代わり、ベートーヴェンはとても楽です。彼の音符の各々は、先立つ音符の厳密かつ必然的な結果だからです。とにかく、百の交響曲を暗譜できるからといって、良い指揮者であることにはなりません。それよりも、交響楽的なディスクールを、先程言ったような、一定のやり方で指揮できることの方が大事です。

――六十年代にあなたはニューヨーク・フィルハーモニック・オーケストラとマーラーの交響曲全集を録音されていますが、その後、最近新たに全集の録音を始められましたね。けれども、今度の新全集では、各々の交響曲がさまざまなオーケストラによって録音されています。各々の交響曲にとって理想的なオーケストラを見つけようとなさったのですか？

L・B　ええ、各オーケストラには、当然、そのオーケストラの特色、音色、長所と短所がありますから。それで、私は新全集をただひとつのオーケストラとは録音したくなかったのです。

マーラーの交響曲は、事実、特色や音色や響きの違いによって、相互にはっきりと区別されます。いかなるオーケストラといえども、マーラーのすべての交響曲の間に存在する相違を本当には明確にできません。つまり、特定のオーケストラが一定の交響曲で見事な成功を収めるとしても、他の交響曲では、マーラーの精神をそれほど上手に表現しないだろうということに気づいたのです。そこで、私は各々の交響曲に適ったオーケストラを探しました。私は新全集録音の実施方法に満足していると言わねばなりません。

――そのうえ、しばらく前からのあなたの録音すべてと同様、新全集はすべてライヴ収録されています。なぜですか？

L・B　手っとり早さの問題ではないのです。私にとって、聴衆との直接的な接触は大切です。演奏会が愛の行為であるなら、ディスク――それは演奏会で耳にするものを再生しようとするものです――もまた愛の行為であり、したがって、スタジオでの収録ではなく、実際の演奏会から生まれる方が望ましいのです。スタジオ録音は、いくら見事でも、つねに一定の冷たさが残りますから。公開での収録は、心躍る、熱狂的で、魅惑的なもので、そうしたすべての痕跡が残ります。現在の技術によって、実際上何の問題もなくライヴ収録できるのですから、どうしてそれを利用しない手があるでしょうか？　一度、七十年代の初めに、ロンドンでだったと思いますが、私はストラヴィンスキーの『春の祭典』を、レコード録音のためにスタジオで指揮したことがあります。私はしばしばその時の体験を思い返します。私たちはたっぷり十時間の間、四チャンネル方式で録音し、最後には、録音テープの量は一トンくらいにもなりました。私はエンジニアたちとそれをすべて聴き、それらのテープのどれにも同意できないことを悟りました。エンジニアたちは怒り狂った眼で私を睨みつけていましたよ。私にはどうして良いのか分からなかったのですが、それらの録音を公にする許可を与えることは断じてできなかったのです！　そして、私たちにはもうほとんど使える時間がありませんでした。そこで咄嗟に私は言ったんです。「僕たちのプライベートな楽しみに、通してもう一度『祭典』を演奏したいな！」と。音楽家たちはすぐに私の気持ちを理解してくれ、各自の譜面台の前に座りました。そして私たちは『春の祭典』を、一回も中断することなく、もう一度演奏したんです。そう、私たちの歓びは言うまでもないでしょう。そのテイクは素晴らしいものでした。そして私たちが残したのはそれです。

――あなたはヘルベルト・フォン・カラヤンとは好ましい関係をけっして持たなかったと言われていますが、本当ですか？

L・B　そんなことはまったくありません。カラヤンと私が敵同士だったということはけっしてありませんでしたし、人々の話とは逆で、私たちは互いに嫌悪し合ったということは一度だってありません。そうした噂を一挙に打ち消すために、彼は、亡くなる少し前に、同じ演奏会で、指揮台を分け合うことにしようと提案しました。私はすぐに受け入れました。で、彼はベルリン・

フィルを指揮したいかどうかと私にたずねたのです。私はウィーン・フィルを指揮する方がいいと答えました。彼は私の選択をひじょうに喜んでいました。私が彼に対する敬意からそう答えたことを、彼は理解してくれたのです。ベルリン・フィルの甘やかされすぎた音楽家たちは、もはやカラヤンを常任指揮者として望まなくなっていたからです。今となって、彼らは、カラヤンなしで演奏すること、あの指揮者からこの指揮者へと移ることが何を意味するか、分かるでしょうが。私はその演奏会を待ち望んでいました。けれども運命が邪魔したんです。

――次第に常任指揮者の数が減少しているのに、世界中で、フェスティヴァルがひじょうに多数催されるようになっています。あなたは、たとえば、カラヤンのザルツブルク音楽祭に似たような、あなたのフェスティヴァル、時間に制約されることなく音楽作りができ、あなたの気に入るものをすべて指揮できるような場を創設しようとお考えになったことはないのですか?

L・B その種の企画は何十回と考えてみました。また時々その種の企画の申し出がありますし、そうすると、私は「本当にお前はそうしたいのか」と果てしなく自問自答をするのです。私の答えはけっして変わりません。「いや、それは私に相応しいとは思わないな」というのが答えです。私の妻はしばしば私にフェスティヴァルをそれとなく勧めました。でも、私は同じ場所に一か月以上閉じこもることができないのです。私にはすることが沢山あって、ひとつのフェスティバルにしかるべく専念することはできないでしょう。私は単にオーケストラ指揮者であるばかりではありませんし、私には自由や移動が必要なのです。もし、ひとつの大きな音楽組織に縛りつけられてしまえば、明白な理由で、そうしたものすべてをもはや断念せざるを得ないでしょう。それに、私はニューヨーク・フィルでそうした経験をし、そのために、素晴らしい十一年間の後、同オーケストラを去ったのです。私にはもうお役所的な仕事や決まった会合は我慢できません。本当です。私は絶えず、世界中から、極東からすら、様々な依頼や申し出を受けます。私の立場にあったら、どんなオーケストラ指揮者でも、すでに確実にどれかを引き受けていたことでしょう。ここ数年の間に私のところに届いた申し出は本当に条件のよいものですから。しかし私はまだ生きる必要があるんです。

――それで、ピアノ奏者の方はどうなったのですか？

L・B　時々姿を見せますよ。でも、最近ベルリンで行った野外演奏会でのように、演奏会で思い切って冒険しなければならないことはあっても、指揮する方がいいですね。すべて準備は整っていたのです。オーケストラの団員たちはすでに位置についていました。そこににわか雨が降ってきて、音楽家たちは皆逃げ出してしまいました。即興演奏をするはめになってしまって、ラヴェルの協奏曲の代わりに、私は、雨の中で、見渡す限りの傘の影に隠れた何千人もの人たちのために、ガーシュインのプレリュードを何曲か弾きました！

5　グスタフ・マーラー

エンリーコ・カスティリオーネ（以下――と略す）　一九五〇年六月二十七日に、あなたはヴィクトル・デ・サバタ宛に次のように書いていらっしゃいます。「私がローマでマーラーを演奏できるよう取り計らって下さったことではお礼の申しあげようがないほど感謝しています。皆様が満足なさり、また初めてこの音楽を評価して下さったように思われます。」それらのマーラーの初期の演奏会で思い出されることとは？

レナード・バーンスタイン（以下L・Bと略す）　それらのいくつかは忘れ難い体験でした。何時間も何時間も私は音楽家たちに、彼らが以前には演奏したことが皆無で、また特に、彼らがほとんど知らない人間の作曲した音楽を説明したものです。

――とはいえ、グスタフ・マーラーは音楽界ではすでに定評を得ていましたし、彼の名前は知られていましたが……

L・B　ええ、彼はいくつかの交響曲を作曲したオーケストラ指揮者として知られていました。

人々が褒めたたえ、語っていたのは、指揮者としてのマーラーにすぎなかったのです。この作曲家の予言者的重要性は認められていませんでした。思い出すのですが、私は、この作曲家に少し注意を払ってもらうために、大勢の人々と議論し、多くのオーケストラと論争しなければなりませんでした！　今日ではすでに、クセナキス、ジョン・ケージ、あるいはルチアーノ・ベリオのような作曲家は、正当に受け入れられています。時代が変わったのですね。それにしても、マーラーの第二番のような交響曲の意義や偉大さを評価してもらうのは簡単なことではありませんでした。何と時間がかかったことでしょう！

——グスタフ・マーラーは、やがて自分の時代が来るだろうと述べました。彼は、要するに彼の音楽が明らかにしているあの予言者的魂を以てそう言ったのですね。

L・B　私にとって、マーラーは「未来の人間」だったし、いまだにそうです。彼の死後、世界で起こったすべてのことを、彼は自分の音楽の中で、予言していたのです。第二次世界大戦による破壊の引き起こした存在の危機感がまだ感じられた五十年代に、私が彼の交響曲を指揮した時には、彼の音楽を世界で起こったことと関連づけて説明しようと努めたものです。もちろん、問題は、彼の音楽に是が非でもその正当化を見出すことではなかったのですが……

——マーラーの音楽はいかなる正当化も必要としません。

L・B　すべてがひたすら彼のものなのですから、正当化など必要ありません。その音楽を作曲したのはただひとりの人間ではないんです。まさに、さまざまに異なる人間がマーラーを構成している。つまり、ユダヤ人、キリスト教徒、信仰者、懐疑論者、俗人、洗練された人間、ウィーンの「社交界の人」、家庭の愛情深い父がマーラーという人物を構成しています。そうしたものすべての構成する唯一無比の魅惑的な人格は、絶えず矛盾や苦悩や恍惚に襲われていました。

——崩壊しつつあった社会の矛盾ですか？

L・B　まさにその通り、解体しつつあった社会の矛盾です。無論、今世紀初頭、マーラー自身が自分の演奏会で自分の交響曲を紹介していた頃、聴衆にはそうした矛盾を理解し、乗り越えることはできませんでした。なぜなら、彼らは、マーラーが発見しつつあったものを意識するほどまでにはまだ成熟していなかったからです。したがって、マーラーの世界は、不快な、偽善的で思い上がったものと見なされていました。

——それでも、希望の歌が彼の音楽から立ちのぼってくる……

L・B　希望の歌は、人間が神に託す、人間に希望する力を与える信仰から生まれます。けれどもそうしたものがつねに生じるわけではありません。マーラーは、彼が自分の周囲に見ていたものを、音楽の中に、写真のように正確に描き出しましたし、その帰結を予見する術すら心得ていました。誰がそうしたことを理解できたでしょう？　聴衆は彼のメッセージに対して冷淡でした。それに、マーラーを最初に聴いた人々が自分たち自身の背徳性を甘んじて直視するとは期待できませんでした。そのようなわけで――もちろん、当時そうしたことを理解するのはひじょうに困難でしたが――、聴衆はマーラーに対して、単に歪んでいるばかりではなく、完全に誤ったイメージを抱いたのです。聴衆にとって、マーラーは、栄光に満ちた過去の作曲家たちに比べれば浅薄なやり方で、音楽の偉大さを再構成する、しかもグロテスクで、大袈裟で、時宜を失したやり方で再構成するひとりの良いオーケストラ指揮者でしかなかったのです。

――そして、彼の音楽の長さ、雑音、誇張、歴史的真実味の勝手に推定された欠如といったものが、否定的な意味で、強調されていたわけですが、今世紀初頭の保守的な人々の耳には、無秩序な世界、激昂に至るまで繰り返される呻き声、強迫的な行進曲の永遠の繰り返しのように思われたのですね。まさにそうした軍隊行進曲を、マーラーは、彼の音楽のあちこちに、驚くほどの前兆的な意味合いを込めて挿入しています。

L・B　そう、行進曲！　当時、マーラーの時代、それらの行進曲はオーストリア・ハンガリー帝国の称揚の一種という印象を与えていました。俗悪な、粗暴な、容赦のない行進曲……マーラーのモデルニテ［現代性］はまさにそこにあります。つまり、彼は到来しつつあった恐怖の世界の予言者だったのです。

――たとえばショスタコーヴィチの交響曲の暗く、不安に満ちた、悲痛な省察の世界とは大いに異なる世界です。ショスタコーヴィチにおける行進曲は、ロシア人作曲家の生涯を通じて起こった、あるいは起こりつつあったことに結びつけられる象徴的な価値を持っていますが……

L・B　二人の作曲家はひじょうに異なると言えるでしょうが、他方、逆説的に、マーラーとショスタコーヴィチは、考えられているよりもずっと近い関係にあるのです。ショスタコーヴィチはマーラーの音楽を大変愛してしました。

――現在、マーラーの音楽はようやく理解されるようになっているとお考えですか？

L・B　たしかに、今日になってようやく、二つの世界大戦、ナチズムやコミュニズムによって犯された残虐な行為、ホロコーストやヴェトナム戦争や中国における若者の虐殺の後、それらすべてを経た今になってようやく、本当の意味で私たちはマーラーの音楽をもっと意識的に聴き、その予言者的な価値や意義を理解できるようになっているからです。悲しいことに、マーラーの音楽精神を突き動かしているあの破壊感を、人間は悲惨なかたちで実践してしまったのです。

――マーラーの音楽は「歌う」という言葉のもっとも深い意味において歌っていると言う人々の意見にあなたは同意なさいますか？

L・B　マーラーは自分の音楽と共に見事に「歌った」人間でした。彼は、自分が感じたものを、直接的な、完全ですらあるような方法で伝えました。というのも、彼の音楽には、他のすべての音楽にもまして、私たちの人生のあらゆる要素が存在しているからです。マーラーの音楽は、諸々の月並みな様相や、しばしば野卑、軽薄、浅薄でありすぎる着想によって限界づけられていると言われ、書かれ、また罵倒されてきました。それでも足りないかのように、マーラーは、交響曲の第一番から第九番に至るまで同一の旋律定式を用いた、一本調子な作曲家であるとしばしば非難されてきました。音楽的には脆弱で、和声的には不安定で、リズム的には乱れている作曲家だと言われてきました。そうしたことすべては、私たちの人生の姿を変えたものに他ならないのではないでしょうか？

——そうするとマーラーは私たちの時代の作曲家だと定義できますか？

L・B　私たちの時代はマーラーの時代です。彼が書いたものはすべて、私たちの人生と密接に関わっています。また、そうしたことは、二つの時代に、つまり、息を引き取りつつある時代と嵐の荒れ狂う新しい世紀との間にまたがって、人間として、また芸術家としての固有の人生を生きた作曲家の大きな取り柄になっていると私は思います。

——彼は「左足を十九世紀に、右足を二十世紀に突っ込んでいた」、とあなたは書かれていますね。

L・B　そう確信しています。マーラーは、ありとあらゆる手段を尽くして、二十世紀にひとつの拠り所を探したのだと思います。芸術家としてはそれに成功したかも知れませんが、人間としては恐らくそうは言えないでしょうね。もちろん、彼の音楽は、私たちの時代の光に輝き、その正当な次元を獲得してはいますが。

――今世紀の後半に至って、マーラーはひじょうにポピュラーな作曲家となり、彼の音楽は、今や、世界中で絶えず演奏されていますし、彼の名は、世界中の華麗な演奏会シーズンにいつも見受けられます。けれども、ますます執拗に、繰り返し言われるようになっていますね。マーラーには、音楽家のためにも指揮者のためにも多数の指示を書き記す習慣があったから、演奏という観点からすれば、彼の音楽は演奏し「易い」、と。マーラーは本当に演奏し「易い」作曲家なのでしょうか？

L・B　ある時、私の助手を務めていたひとりの若い指揮者が、自分に言わせればマーラーを指揮するのは「易しい」と私に言いました。「もちろん、易しいさ」と私は言い返してやりました。実際には、その易しさは、マーラーの書いたものについて疑問を抱く余地はほとんどないということに関係している、と私たちが理解する限りにおいてのみ、先程の表現は真実なのです。自分が表現したいことを正確に表現する術を知らない作曲家はいくらもいます。たいてい、彼らの主題が素晴らしくても、しかるべき明晰さを持って書かれていなかったり、誤ったリズムに支えられていたりするからです。マーラーは、そうした作曲家ではありません。それどころか、彼は、いかなる指揮者でも、チャンスがあれば彼に頼んだであろうものをすべてスコアに表記しました。

――そのうえ、マーラーはオーケストラ指揮者としてひじょうに高い評価を得ていました。

L・B　指揮のできる優れた作曲家として、マーラーは、彼のスコアの欄外や、あるいは単に、五線譜と五線譜の間に、他の人々が自分の望みを本当に理解するのに役立つあらゆる事柄を記す必要を感じていたのですね。そして優れたオーケストラ指揮者として、彼は、自分の音楽が素晴らしく演奏されるためには苦労を惜しみませんでした。「指揮者のための注意」という言葉が、彼のスコアにはしばしば現れます。時として、それらの指示は、技法や演奏に関する優れた論考ですらあって、エッセイのかたちで出版できるほどです。そうした意味で、マーラーは「易しい」のです。彼の音楽は、いかなる指揮者も見過ごせないやり方で書かれた、的確な示唆や要求にもっとも富んだものです。

――人間としてのマーラーは十九世紀にとどまったとしても、作曲家としては自分の芸術を二十世紀に投影したわけですか?

L・B　そうです。彼の音楽は、時代の激変に押し流されて、もはや戻っては来ない過去に逃げ込みながら、絶えず純粋な世界を夢想している人間を私たちに明らかにしてくれますから。それに、マーラーが、彼の交響曲の中で厳密に音楽的な観点から洞察し実験した事柄すべては、他の作曲家たちによって、完全に実現されたわけではないけれど、少なくとも続けられはした、と今日では言えます。彼は旋律やリズムを一層力強いものにし、さらにはその威力を強調していき、けっして限界を越えることはありませんでしたが、調性をその極限まで拡大し、あらゆる種類の楽器（あるいは、お望みなら、厳密には音楽的とは言えない道具）を導入してオーケストレーションを現代化し、新しい構造的形式を構築しました。また記譜法の点で、彼の書法は、ひじょうに華やかで複雑ですが、けっして曖昧なところはありません。また、私は休止や不意打ち的要素について語っていませんが、そうしたものはすべて、巧妙で、注意深く、天才的な音楽家の所為ではないでしょうか？

——あなたと同様に、マーラーはしばしば「オーケストラ指揮者として作曲する」と非難されました。それは否定的な批判だとあなたは本当にお思いですか？

L・B　それは何ら否定的な批判ではありません。私自身、自分の作品がオーケストラ指揮者でもある音楽家によって書かれたと言われれば幸せです。作曲家は、芸術の名において、自分が書くものを可能な限り明確にし、特定のパッセージをどのように演奏すればよいかを示唆する、あるいはもっと的確に言えば、指示する義務があります。それも、三十年後に、別の指揮者が、「ほら、作曲家はこういう風であることを望んでいたんだ」と言えるようなやり方でね。

——絶対的なやり方で？

L・B　いいえ、断じてそうではありません。たとえ作曲家がどんなに優れていても、指揮者にはつねに一定の自由の余地がありますし、それによって、すべての指揮者は自分自身の演奏解釈を個性化でき、聴衆は指揮者の演奏解釈を通して指揮者を再認識できるのです。

——マーラーの音楽は「ノーマル」なのでしょうか？

L・B　マーラーの交響曲において、いくつかのパッセージは極端に演奏が困難です。一般には、作曲家の指示がオーケストラ指揮者や音楽家たちを助けてくれます。けれども、つねにそうであるとは限りません。たとえば、第五番の有名な「アダージェット」には、弦の音の聞こえるはずのないような瞬間があるのですが、それでも、音は、あたかも楽器の弦が切れる寸前でもあるかのように、現れてこなければなりません。いや、あの音楽にはノーマルなものは何も、少なくとも、ロマン派の作曲家たちのノーマリティーを思い起こさせるようなものは何もないと確信しますね。マーラーの作品では、つねに弓の全長を用いて演奏する必要があります。ひとつの「フォルティッシモ」をとっても、それはけっして単純な「フォルティッシモ」ではないからです。それから、「ディミニュエンド」が特別な重要性を持っていて、時々、出し抜けに現れたりします。

――まさに人生の旋回にも似た目まぐるしい動きが音楽に移し換えられ、さまざまな情念が、ノイローゼ的で驚きに満ちたひとつの人生をモデルに、突然爆発するわけですね。

L・B　マーラーの過激さはすべて、強度のノイローゼの結果に他なりません。

――そうした激しさは演奏家に同様の激しさを要求する。まさにそれに駆り立てられて、あなたはこの作曲家の音楽を溢れんばかりの表現的なヴァイタリティーをもって指揮なさるのですか？

L・B　我が身と引き換えにしなければ、マーラーの音楽は三小節だって演奏できません。各々の抑揚、各々の激発、各々のアッチェレランドがとても強烈なので、最大限に身を入れてその音楽を演奏しなければなりません。ここで、個人的な見解を述べているのではありません。マーラーの音楽は、ひじょうにはっきりと、そうしたことを要求しているのです。そして、それを別な風に指揮する人は、マーラーという人間を、そして特に彼の音楽が意味しているものを、けっして聴衆に理解させることはできない、と私は思います。

——ご自分がマーラーを指揮するやり方に満足なさっていますか？

L・B　ある作曲家の作品を指揮するのに、満足という言葉を語れるとは思いませんね。おそらく語れるとすれば、素質とか直観でしょう。それでも、もしマーラーの名声が私の演奏に負っているというのが本当なら、私は満足ですね。

——それでは、決定的に、つまり「ほら、これでいいんだ」と言えると、あなたは思われますか？

L・B　やれやれ、決定的に、というわけですか……何人かの人たちがそうした表現を口にするのを知っていますがね。マーラー自身はそう言わなかったと確信しています。考えたいように考えればいいけれど、正しく完璧な演奏に到達するなどということはけっしてないのです。それに、マーラー自身そのことを明らかにしています。彼にとって、ひとつの交響曲もけっして完成はしていなかった。彼は絶えず自分のスコアを手直ししていました……

——指揮者のいくつかの「介入」が必要なこともあるのでしょうか？

L・B　もちろんです。たとえば、交響曲第二番『復活』の冒頭がそうです。最初の主題を区切っていく休止符を伸ばす必要があります。けれども、問題は、介入を必要とする箇所を指摘することではありません。いくつかの手直しはつねに必要です。マーラー自身、新たな手直しをしただろうと確信します。マーラーは、ほとんど息をつく暇もないほど、ひじょうに忙しい音楽家でした。明らかに、すべてを指示することは彼には不可能でしたし、しばしば慌てたり、仕事に追いまくられていたために、彼は適切な修正を行うのを忘れてしまったりしました。それに、マーラーは、音楽史上もっとも優柔不断な音楽家のひとりでもありました。彼は自分の楽譜のあちこちのページを変更し、さらに変更していったのです……

——まるで、けっして見出すことのできない完璧さを永遠に追い求めていたかのように？

L・B　まさにそう言えるでしょう。たとえば、同じページを二回か三回直した後で、マーラーは、何度目かの演奏を前に、結局、最初の版に戻ったりしているんです！　彼を追いかけ、彼の演奏会に定期的に出かけていた人々は、毎回どこか違うものに出会ったわけです。マーラーは同じ『復活』は二度と演奏しませんでした。

——あなたは、マーラーの音楽のもっとも優れた演奏解釈者と世界的に見なされています……

L・B　いずれにせよ、私がそう見なしているわけではありません。もっとも、彼の音楽をきわめて身近に感じていて、しばしば、私自身がそれらの交響曲を書いたように思われるほどだ、ということは言っておくべきでしょう。それで、私がいとも自然に、いくつかの手直しを思いつくとしても、何ら驚くことはありません。マーラーはあまりにも急いで書いたため、時には、いくつかの部分を見直すのを忘れたりしました。後の方のページでは、それらの部分を多分すでに完璧なものにしていても。望み通りにすべてをやり遂げることは彼には不可能だったのです。けれども、私が実現するものすべてにおいて、彼が見守っているのを私は感じますし、もし、彼が私たちと一緒にここにいたら、私がやり遂げたことを祝福してくれると確信しています。そして恐らく、レナード・バーンスタインが指揮する時ほど強烈なやり方で自分の音楽が演奏されるのを耳にしたためしはないと言うことでしょう。ええ、そう信じているのです。マーラーの音楽を指揮する時、私の行うすべてにマーラー自身が存在していると私は感じるのです……

――そのために、あなたは、マーラーを指揮する際、指揮台の上であんなに激しく体を揺り動かされるのですか？

L・B　何が私を突き動かすのか、自分でもしばしば考えるのですが、この作曲家の音楽に対する私の愛が、答えることを私に禁じ、続けるよう私に強いるのです……結局のところ、オーケストラは何を演奏すべきか、そしてどのようにそれを演奏すべきかさえ知っているのです。ああ、でも、不可能なのです。結果に確信を持ち、的確なテンポを維持し、すべてが申し分なく調和するようにするためには、まさに私が指揮しなければならないのです。もし私が指揮台に立っていなければ、結果が良好かどうか、私には確信が持てません。もうひとつ、もっと深い別の理由がありますす。つまり、オーケストラのメンバーたちは、音楽の持つ強烈さを私から受け取らなければならないのです。オーケストラ指揮者は作曲家の身代わりになるわけで、私は、ですから、自分自身が作曲家になった気になります。そのようなわけで、指揮をする時、私は「トランス」状態に入っていくのですね。マーラーの音楽は、大きな波ででもあるかのように、私たちを運んでいき、あちこちから揺すります。同じことは作曲をしている時にも起こります。驚きから驚きへと進んでいるような印象を受けるからです。作曲家はつねに自分の書くものに驚かされるべきであり、つねに何か新しいことを実験すべきです。そうでないなら、彼は本当の作曲家にはけっしてならないでしょう。

——各々の演奏は自己を一新する機会になるわけですね。

L・B　絶えず自己を革新すべきです。たとえば、マーラーの作品を演奏する度に、彼が「常套的な表現」に与える役割を理解する新しい機会が得られます。この作曲家があれだけ沢山の「常套的な表現」の中で自分を巧みに方向づけていく独特なやり方は信じがたいほどです。マーラーはバッハの音楽の模倣者だと言われています。実際には、彼はきわめて独自なやり方でバッハの音楽に接近していくので、私たちはバッハの音楽を忘れ、確信をもって、「これぞ、マーラーだ」と言うのです。マーラーは空想力に恵まれた作曲家でした。

——現在、マーラーの音楽の過激さは聴衆に身震いを覚えさせ、また彼の音楽は、二十世紀初頭の他のひじょうにわずかの作曲家の音楽と同様に、聴衆を圧倒しています。第九の諦念に満ちた絶望は、おそらく、マーラーの世界の中に見出されるもっとも高潔なものだと思いますが、私の意見に賛成して下さいますか？

L・B マーラーの第九の最後のフレーズは、感受性に恵まれた人間が人類に差し出すことのできたもっとも素晴らしい挨拶です。この交響曲に対する私の考えは詳しく説明したことがありますが、考え直す度に、私は新たな疑問を覚え、何よりもマーラーの精神に適った答えを出そうと努力してみるんです。第九の最後の楽章は、信仰者であると同時に懐疑論者でもあったマーラーの精神のひとつのヴィジョンです。とはいえ順を追って考えてみましょう。この楽章は、宗教的な起源の明瞭な、一連の「常套句」で始まります。つまり、私の言いたいのは、この音楽が教会から来ているということです。それは、少しずつ、ゆっくりと高揚していきます。またそれは、不吉な、暗い、ほとんど苛立たしいと言えるような性格を持っています。それは、単に魂の死だけではなく、もっと普遍的でもっとのっぴきならない何か、つまり生命の死を表現しています。

それは究極的な死です。交響曲の最終楽章——マーラーの全作品中もっとも魅惑的な楽章——を開始するこのひじょうに長い一連の「常套句」は四分ばかり続きます。その直後、ひとつの急激な変化が起こります。死に対するまったく別の考え方が現れるのです。まるで、マーラーが、情念と苦悩でできた、生と死に対する西洋的な考え方から、逆に、禁欲的な内省思考でできた、東洋的な考え方に移行するかのようです。後の方の世界で、人間は生命の無形化と関わるわけですが、それは、マーラーが楽章の冒頭で私たちを導いて行った世界とはひじょうに異なっています。恐ろしい空虚感があります。旋律線の間に感じられる空間は広大です。けれども、マーラーにはまだ虚無を受け入れる覚悟はできていません。生命への情熱に満ちた呼びかけが絶えず沸き上がってきます。人間マーラー、ひとりの西洋人の呼びかけです。そしてこの楽章全体が、そのように進行していきます。マーラーは、生命についての二つの考え方の間で、まるでどちらが彼にもっとも適っているかを探し求めてでもいるかのように、揺れ動くからです……

——交響曲は諦めのうちに終わりますから、彼は解決を見出さないわけですね。

L・B　彼は出口を見出すことに成功しませんし、自らの痛ましい感受性を甘んじて受け入れますが、その感受性は、死というものを、東洋的な感受性のように、冷やかで禁欲的な眼差しで眺めることを彼に許しません。ですから、人間マーラーは、楽章の最後の何小節かに至るまで戦い苦しみます。そこに至って、私たちは、まるで救済を得ようとする最後の試みででもあるかのような、新たな一連の高揚に出会います。それらの高揚の最後は最も強烈ですが、それもまたすぐに尽きてしまいます。マーラーは出口を見出せず、諦めに屈し、数小節の至純な音楽で私たちを麻痺させようと試みます。最後に、世界は彼の手の中に滑り込んで来るかのようであり、彼は言わば死を心穏やかに受け入れるに至るように思われますが……

——彼は自らを放棄する。

L・B　まさに彼は自らを放棄します。もはや諦めの入り込む余地も、生命へのいかなるノスタルジックな執着の入り込む余地もない。死は、そのように、忌ま忌ましいほどゆっくりと、連綿と続く休符に区切られて、やって来るわけですが、それら休符の後では、毎回、生命が永遠に逃げ去って行く前にもう一度それを引き止めてみようという試みが繰り返されます。そのように、マーラーは、ひじょうに簡素で素晴らしい方法で、つまり休符を介して、引きずられていくのです。一連の試みの最後は、実際、クモの巣状にふさがっていき、生命は完全に消えてしまいます。そして、まさにマーラーは、全生涯を戦い抜いた後、自分がつねに戦ったものの前で自分自身の無力さを受け入れる他なく、諦めを抱いて死に向かっていく人間なのです。

6 自由への讃歌

エンリーコ・カスティリオーネ（以下——と略す）　今なお「平和」について語れるとお思いですか？

レナード・バーンスタイン（以下L・Bと略す）　世界で繰り広げられている恐ろしい出来事は、私をひどく悲しませます。毎日テレビ・ニュースを追ったり、ラジオを聞いたりするのが怖いくらいです……不快な驚きがありすぎます！　たとえば、世間は中国で何が起こったかということをもう忘れています。私には忘れることはできません。ちょうどその頃、私はロンドン交響楽団と素晴しい中国巡演旅行を計画していました。一連の演奏会の他に、若い中国の音楽家たちのために指揮法のセミナーも主宰するはずでした。それらの演奏会やセミナーは私にとって大きな意義を持っていたのですが、まさに巡演旅行に出かけようとした時に文化大革命が起こったのです。もちろん、私たちはすぐに旅行を中止しました。もうそれには何の意味もありませんでしたし、私自身、もはやそれを実行したいとも思いませんでした。そのことではいまだ心が痛みます。中国の人々は、悲惨な、恐らくその近年の歴史上もっとも悲劇的な時期を体験したわけです。私も、広場に出かけて行って、若い中国人たちの手助けができたらと思いましたよ。実際、私は毎日広場に出て行って、平和に生きる権利の獲得を声高に叫びたい方ですからね。時々、特に眠れない夜に、何千人もの人々の前で私が読み上げる平和のための長い演説を思い浮かべるのです。私が独裁政治や人種差別のあらゆる形式に反対して考えること、私はそれを一種の秘密の日記に記すのです。それは私の頭の中に自発的に浮かんでくる演説で、私は論法を見出すのに何らの努力も必要としません。

――もし音楽家にならなかったら、あなたは政治家になっていたでしょうか?

L・B　分かりませんが、私はすでにどちらでもあると思っていますし、それどころか、私は政治的な音楽家だと書いてくれたっていいですよ。でも、その逆ではありません。

――では、あなたは政治を信頼していらっしゃいますか?

L・B　ジョン・ケネディが存命中は、大いに政治に信頼感を抱きましたね。彼は、私が光栄にも知り合え、友人になれたもっとも偉大な政治家でした。

――彼の何に感心なさっていたのですか?

L・B　彼の問題の解決法はすばらしいと思っていました。ええ、私は、今日の若者の知らないひとつの時代を懐かしんでいます。ええ、本当にあの時代は私にとって懐かしいですね。合衆国の大統領はジョン・ケネディという名で、彼の執務室に隣接した部屋では、一方にアーサー・シュレジンガーが、他方にはジョン・ガルブレイスがいた時代です。時代はすっかり変わりました。当時は、大統領の机に、一番良い本を置いて、こう言えたのです。「大統領閣下、私はあなたにこの本をお持ちしました」と。そうした時代は、悲しいことに、過去のものとなりました。でも、もっとも恥ずべきで、またもっとも由々しいのは、今の若者たちが、彼という存在を知らず、また特に、彼の功績と彼の限界を知らないことです。ジョン・ケネディとはどんな人だったか？　この質問をあなたの周囲の人にしてごらんなさい。彼がどんな人で、独特なやり方で何をしたか答えられる人は稀ですよ。

――「私は政治に信頼感を抱いた」と言われましたが、それはあなたがもはやそれに信頼感を抱いていないということなのですか？

L・B　政治は、通常考えられている陳腐な決まり文句とは裏腹に、ひとつの高貴な芸術［＝技法］です。政治を、もっとも弱い人々の背後で私腹を肥やすための一手段にしたのは、近代人、あるいはあるタイプの近代人です。ええ、私はいまだに政治や、より良い世界に生きる可能性というものを信じています。音楽は私にそう信じるのを可能にしてくれる唯一の芸術ですし、また、私はどこにいようとも、私の精神状態を私の同胞たちに伝えようと努めています。それに、まさにそうしたことこそ、私が私の音楽の中で表現しようとしていることなのです。

――ゴルバチョフの「ペレストロイカ」についてはどう思われますか?

L・B　現在ゴルバチョフは、私が支持したい唯一の人物です。本当に、私が敬愛するただひとりの現存する大政治家です。ゴルバチョフは、世にもユニークな人物ですし、滅多にお目にかかれない、聡明な大政治家です。彼が私たちを失望させることなく、共産主義は死んだということを実際に理解してくれることを希望しています。現時点においては、とにかく彼は、私が本当に政策という点で敬愛している少数の大政治家グループに属しています。ケネディ――彼は相変わらずもっとも偉大ですが――、ウィリ・ブラント、アジェンデ、サダト、そしてミッテランと共にね。もっとも最後の人物は目下困難に直面していますね。社会主義も現実には死にかけていますから。

――最近、ある論考で、あなたはご自分を「リベラルな人物」と定義されていますが、その言葉で、何を言わんとされているのですか?

L・B　私は「リベラルな人間」です。どんな理由があって、そのことを大変誇りにしているのでしょうか? ある日、私は自分の周囲を見回して、歴史を問い直してみたんです。そして歴史が私の眼を開かせてくれました。次に用語を調べて見たのです。「リベラル」という言葉は、「自由な」という意味のラテン語「リーベル liber」から来ています。「自由」は私の人生の情熱です。私はこの言葉を愛しています。実際、「リベラル」は、人間だと主張する人たちが皆信じるべきもの、「自由」と同義なわけです。ですから「リベラルな人」とは、世界がより良くなるよう、――かなり近い――将来がより平穏で、より人間的になるよう希望する人です。私は夢想家だと言われます。分かりません。そうかも知れません。けれども、「リベラルな人間」とは、私たちの感受性の本質的な価値を積極的に信用し、神や信仰を信じ、愛や友情を信じる人間です。「リベラル」であるということは、したがって、武装のために莫大な金額を費やすよう私たちに強いる現在の生活システムを拒絶することを意味します。他方で、世界の大半の地域では、数えきれないほどの人々がいまだに餓死しているのです。「リベラル」であるということは、私たちの原点に立ち返り、情愛や家族や誠実さの重要性を再発見することへの欲求を意味します。それは過去の人間たちを回顧する術を知り、彼らの考えや彼らの政治の積極的な側面を同化吸収し、そのようにして、ジョージ・ワシントン、トーマス・ジェファーソン、マーティン・ルーサー・キング、ベンジャミン・フランクリン、そして自由の名において戦い、自由な人間であらんという自らの信念のために命を捧げたすべての人々の教えに遡ることを意味します。ブッシュの勝利に終わることになっていた大統領選挙戦の最中に、私がデュカーキスのために書いたものの意味はそうしたものです。「ニューヨーク・タイムズ」紙の第一面で公表されたその告発文で、私は「リベラルな」人間であることを誇りに思うと宣言したのでした。

――現状維持主義だとあなたが非難されたのはそのためですか？

L・B　誰が女性の権利のために戦ったのでしょうか？　「リベラル派」です。誰が奴隷解放のために戦ったでしょうか？　「リベラル派」です。誰が人種差別主義に反対したでしょうか？「リベラル派」です。そのような問いはいつまでも続けられますが、答えはつねに同じです。何もつけ加えることはありません。事実が自ら物語っていると思いますから。

——それでも、つねに「平和」について語られてきたにも係わらず、二千年の文明は人間に何も教えませんでした。

L・B　ええ、賛成します。そう思いたくはないのですが。ついこの間、私たちの時代は「平和」という言葉を濫用しているという文章を読みました。「平和」を語りすぎている？　そんなことは本当ではありません。いつだって、それは余りにもわずかしか語られていませんし、けっして十分に語られてはいません。世界はいまだかつて持続的な平和というものを体験したためしがないからです。それに、今日、歴史上微妙なこの時期に、平和を語ることは無駄ではありません。なぜなら、まさに現在、地球の特定の地域では、なお人が殺され、虐待行為が実践され、多くの人間が辱められ、搾取され、自らの自由を、したがって平和を奪われているからです。それで、私は考え込んでしまうのです。この戦争、戦い、苦悩、憎しみ、流血に満ちた二千年は何の役にも立たなかったのか、と。

——役に立たなかったと思いますね。

L・B　そう考えただけでもすでに恐ろしいですね。けれども、全体主義体制や、高貴な理想や善意の背後に隠れて人民からその自由を奪う独裁者たちのひとりの権力が崩壊するのを目にすると大きな安らぎを覚えます……今日、専制政治がひじょうに奇妙で、ひじょうに隠微なかたちを採ったということを、とにかく忘れるべきではありません。そのような理由で、このところ私はオペラを、ひじょうに大がかりで、ひじょうにドラマティックな新しいオペラを書いているのですが、その主題は、私たちの時代の歴史であり、そのもっとも残酷で、もっとも自己破壊的な時点です。音楽、そして芸術一般は、単に個人としてばかりではなく、また、そして特に、同胞たちとの友愛の中で生きている、また生きているはずの自己の再発見を人間に可能にしてくれる唯一の人間的言語活動です。

——あなたは、音楽に、人間たちを結びつける力をお認めになりますか？

L・B　音楽は人間のもっとも深遠な言語活動です。また音楽のおかげで、私たちは、自分たちが結ばれていると感じることがなお出来るのですし、また、私はそう確信しますが、もし私たちが本当に人間であろうと望むなら、私たちは絶対に相互に結ばれていなければなりません。

——それなのに、私たちは、日を追って自意識をすら喪失しつつある世界に生き、事態を理解しないままに、恐るべき無関心が広まっているのに気づきます。

L・B　でも、そうした状況の進行を食い止められないというわけはありません。新たに世界大戦をして、その後で皆が再び結ばれた状態になる必要はありません。それに、新たな世界戦争は人類に止めの一撃を与えてしまうでしょう。血を流す必要はありませんし、諸民族間の無関心は、ささやかではあっても大切な行為によって防げるのです。たとえば、なぜ、いつの日か、世界のすべての人々が第二の言語を必修とすることになるよう希望しないのでしょう？　難しい？　不可能？　私はそう思いません。それは単に政治的な意志の問題です。その第二の言語は、英語、フランス語、ロシア語、あるいはスペイン語、もっとも易しい言語……、何だって構わないのです！　私に言わせれば、国連は、すべての人間が言葉によって、ですから、もはやいかなる言語的な障害を伴わずにひとつの共通言語を通じてコミュニケーションを図れるよう、世界的なレヴェルでひとつの法律の制定を推進すべきです。私たちはそうした障害を乗り越え、同じ言葉を話すべきです。つまり、そうすれば、たとえば、私たちは、中国人やアラブ人からひじょうに遠く隔たっているとはもはや感じなくなるでしょう。想像してもみて下さい。ただひとつの言語で、ズールー人とエスキモー人が意志を疎通させ、南アフリカ人と中国人が語り合い、ロシア人とアラブ人が議論を交わす……何と素敵な世界でしょう！

――それは実際に簡単な解決だとお思いですか？

L・B　実現不可能ではありませんが、安易な考えですね。あらゆる国が、普遍的な言語の支配権を握ろうとすぐさま戦いを始めるでしょうから。それでも、普遍的なコミュニケーションをまったく自由に可能とするようなひとつの手段、ひとつの解決策をぜひ見つけるべきです。
——あなたは、あなたの最初の交響曲『エレミア』や『ミサ』においてのように、しばしばご自分の音楽に希望や信仰に関わるメッセージを託されてきましたね。あなたは信仰の危機にも揺るがないような平安や友愛や愛情を追求していらっしゃる。私たちの時代の人間は、信仰を失ってしまったと思われますか?

L・B　悲しいことに、現代人は、もはや信仰とは何であるかが分からなくなっています。信仰の問題は、一般に考えられているよりもはるかに重要です。人間に欠けてしまっているのは、単に信仰だけではなく、一連の本質的な価値なのです。かつては、それらの価値こそが、人間を真に人間らしくしていたのですが、現在では、それが失われて、人間は、生命を奪われた自動人形のようにしかもはや生きられず、行動できなくなっています。何と多くの若者が今なお、人種的な争いや麻薬や発作的な自己喪失が原因で命を落としていることでしょう! なぜそうなのでしょう? 彼らは愛が何たるかを知らないのです。それで、彼らは絶えず愛を否定してしまうのです。もし愛が人間に欠けてしまえば、信仰も遅からず人間から欠け落ちてしまうでしょう。現代人はもはや、一層優れた力には何ら惹きつけられなくなっています。現代人が神に対する愛を失ってしまったからで、自ら創り出した神話や間違った信仰によって、現代人はそこから逸れてしまったのです。私の交響曲『カディッシュ』と『ミサ』で、私は、人間とその神との間の引き裂かれた関係を強烈に生き抜き、つねに神に再び近づく可能性を人間に認めながら、そうした信仰の欠如を表現しようと努めました。

——人間は絶えず神との新しい契約を求めています。つまり、それこそ、あなたが『カディッシュ』や『ミサ』の中で表現されていることですね。

L・B　『ミサ』には、シナリオに基づいて登場している人たちや他のすべての人たち、音楽家たちや語り手たちがほとんど息をしても一切物音を立ててもならない瞬間があります。その瞬間は、信仰の危機を表していて、その時、各人は、自らを理解しようと努め、自分の魂を見つめながら、破壊されたものを見極めようと試みるのです。要するに、各人が、私たちに気品を与え、私たちを人間らしくするあの神聖さを再発見しようと努める、各人が生命の起源や本質的な価値に立ち返ろうと努めるわけです。私たちは次のことを理解する必要があります。つまり、人間が人間であるのは、人間が生き、愛し、敬愛し、信じ、コミュニケーションを交わすからであり、同様に、音楽が音楽であるのは、それが人間の本質を表現するからだ、ということです。

——信仰の欠如は、人々が宗教を、神との対話形式としての宗教をひじょうに歪曲してしまったということから来ているとあなたはお考えですか?

L・B　そうですね。宗教は、今日そうあるように、「組織化された」ものであってはなりません！　宗教は何よりもまず、自発的な行為であるべきで、けっして条件づけられたものであってはなりません！　私の考えでは、そうした行為は単にカトリック教、イスラム原理主義、あるいはユダヤ教にとってだけ有効なわけではありません。信仰は人間が神に対して抱くひとつの自然な欲求で、ですから私は、たとえば、仏教に憧れているのです。それは単純で、本質的で、自由で、特に、権力形式からは遠くかけ離れています。

――あなたの交響曲第一番『エレミア』では、人間は、逆に、自分の民族が失ってしまった信仰を探し求めますが……

L・B　『エレミア』では、ひとりの人間のドラマが繰り広げられます。彼は、自分の生きる社会の頽廃や堕落を悟り、自分の民族を、彼らが陥ってしまった道徳の崩壊から救い出そうとします。けれどもその人間はたったひとりで、絶望しているのです。つまり、だからこそ、私たちは互いに結ばれていると感じ、音楽を崇高な友愛歌として体験することが不可欠だと、私は思うのです。その点で、音楽は恐らくもっとも効力のある芸術です。

――あなたは、多少とも、ご自分を宗教的な作曲家だと見なしていらっしゃいますか？

L・B　私の言葉を誤解して欲しくはないのですが、私は宗教的な作曲家ではありません。逆に、組織化された宗教的な形式は何ら実践していないにせよ、私は宗教的な人間です。それに、私が音楽に初めて触れたのも宗教を介してだったわけですし、宗教と音楽は両方とも私の生活に四六時中染みわたっています。しかし、宗教的なアイデアによる私の作品は、私が感じるものを伝達したいという自発的な欲求からのみ生まれていて、私はいまだかつて、何らかの既成の「クレド［信仰箇条］」のためには一音符たりとも書いたことがありません。

――ベルリンで、一九八九年のクリスマスのために、あなたは同市の二つの地域の各々で演奏会を催されました。あなたはそのようにして、「恥辱の壁」の崩壊を祝われたわけですね、「歓びよ、美しい神々の炎よ」を歌うことによって……

L・B ……「エリュシオンの娘たちよ」。ベートーヴェンは、自分の最後の交響曲を作曲することによって、初めて、そうした団結と平和の欲求を音楽的に表現したのです。

――ベルリンの壁の崩壊を祝うにあたって、ベートーヴェンのこの最後の交響曲以上に当を得たものはなかったというわけですね？

L・B 私はベルリンの各地域で、壁の崩壊の直後に、ベートーヴェンの第九を指揮したことを誇りに思っています。たしかに、ある人々は、私が交響曲の指揮で、共産主義からかろうじて解放されようとしている東欧諸国のためには、九番をもっぱら専門にしていると考えそうですね。もっとも、すでに私はプラハへの新たな招待を引き受けざるを得ませんでした。そこでは一九四六年以来指揮したことがありません。

――あなたにとって、今日、ベートーヴェンの最後の交響曲はどのような意義を持っていますか？

L・B　第九交響曲を作曲することによって、ベートーヴェンは、単に音楽的な観点からだけではなく、人間的な観点からも素晴らしい作品を創り出しました。ベートーヴェンの音楽は、それがフィナーレ楽章で断固として象徴しているものによって、きわめて人間的なものになっています。ベートーヴェンは、私たちの各々の心の中で、もっとも真正な平安と友愛の感情を揺さぶり、そうした感情は、人間を何の分け隔てもなく結びつけるはずです。そしてそれは、おそらく、ベートーヴェンのような、絶望と孤独に苛まれた作曲家が抱き得るもっとも崇高なものと言えるでしょう。

――ベルリンは再統合されるべきであるということを世界に示すためには、第九という合唱を伴ったベートーヴェンの勇壮な作品が必要だったか?

L・B　ひとつの世代の狂気には、ひとつの都市の顔を損なう権利はありません。ベルリンは悲劇的な自己破壊へと導かれていったのであって、その帰結は今なお二つの市街に明らかに見られます。たとえ、大惨事のもっとも明白な印であった壁はついに壊されてもね。私も、あの壁のかけらをひとつ大事に持っています。もちろん、スノビズムからではなく、忘れないためにです。誰もそうする許可をもらう必要はないのですから。けれどもベルリンが再統合される必要はあるのです。そこには、二つの都市があるのではなく、たったひとつの都市があり、その都市は二つないし幾つかの民族ではなく、ひとつの民族を代表しているわけですから。その都市の東側と西側で、クリスマスにベートーヴェンの音楽を演奏したところで、もし私たちがまず最初にそうした団結への希求を育まないなら、何の良いことがあるでしょう?

——それら二つの「歴史的な」演奏会について、あなたは、あまりにも性急だった、と非難されましたね。つまり、ベルリン・フィルは何十年もの間、イスラエルではけっして演奏しなかったのに、ユダヤ人音楽家であるあなたは、三日間のうちに、ベルリンで、二つの格別重要な演奏会を指揮した、と書いた人がいましたっけ!

L・B そうした区別を乗り越える時がやってきたのです。私は自分で、私のマネジャーのハリー・クラウトと、ベルリンでベートーヴェンの第九を演奏するオーケストラ、つまりこの機会にふさわしい「全世界的な」オーケストラ団体を組織しました。実際、私は、それが世界中からやって来る楽器奏者によって組織されることを望んだのです。しかも、バイエルン放送交響楽団、ドレスデン・シュターツカペレ管弦楽団、レニングラード［現サンクト・ペテルスブルク］のキーロフ歌劇場管弦楽団、ニューヨーク・フィルハーモニック管弦楽団、パリ管弦楽団といった主要オーケストラに属しているような楽器奏者たちによってです。お分かりのように、ひじょうに優れたオーケストラのメンバーのみで。もちろん、結果は胸躍るものでした。音楽家たちや合唱団に加えて、ジューン・アンダーソン、ウォーカー、ケーニッヒ、そしてヤン＝ヘンドリク・ローテリングが素晴らしかったからです! 無論、当初計画を軌道に乗せるのは容易ではありませんでしたが。

――すべてあっという間にすぎたのですか？

L・B　ベルリンの壁の崩壊は、たとえ結果的には不意打ちのように生じたにせよ、避け難かったと思います。演奏会の準備も突然降ってわくように起こりました。私たちは驚くべき速さで歌い手たちや音楽家たちを集めました。そしてすべてがまったくエキサイティングに進行していったのです。ベートーヴェンの第九を二つのベルリンで指揮するというアイデアも、「恥辱の壁」の崩壊の直後、不意に私の頭に浮かびました。私は、私の親友ロストロポーヴィチが壁から数メートルのところで即興的にリサイタルを催したのを見ました。彼は、壁際の一住民が提供した椅子に座って、チェロを演奏していました。そしてそのようにして、私はその計画を考えついたのです。次の日、私はもう二つの演奏会の組織化に取りかかっていました。ひとつを、町の西側で、もうひとつを、クリスマスの日に、東側で。ベルリンで行われる、平和のための二つの演奏会のことだ、と言うだけで、皆が、何の条件もつけることなく、すぐに参加を引き受けてくれました。あとはすべて自ずから仕上がっていったのです。

7 「いいえ、もう指揮はしないでしょう！」

エンリーコ・カスティリオーネ（以下――と略す）　随分煙草を吸われるようですが……

レナード・バーンスタイン（以下L・Bと略す）　私は呪われた人間、あるいはむしろ愚か者だと告白しますよ。ああ、私はためらわずにそうした形容語を自分に当てはめますし、そのうえ、それは本当なのです。実際、自分で最初に、自分がこんな風であることに絶望し、自分を馬鹿者、白痴、愚か者と見なしているんですから！　私の妻のフェリシアは、一九七八年六月十六日に、煙草が原因のひどい肺癌で世を去りました。彼女が亡くなって十二年経つのに、私が沢山煙草を吸い続けているなんて、馬鹿げていますし、常識を逸してすらいます。私は実際何ら学ばなかったわけです！

――そのうえ、もう三度も、あなたは肺気腫の診断を下されています。

L・B　ええ、その通り……ただ、三回だったか、四回だったか覚えていません。大して気にとめていなかったので……ああ、そうそう！　覚えています。三回です。マーラーの交響曲第六番の最終楽章でマーラーを打ちのめす三回の運命の衝撃を思い出しますね。三回の衝撃が実際、生命の本当の意味での予言者、マーラーを死に至らしめたのです！　私が三十五歳だった時、よく覚えているのですが、「マエストロ、もう指揮はできませんよ。もし生きていたかったら、すぐに止めるべきです」と言われました。私にとって、生きるということは、演奏し、指揮し、作曲することに他ならない以上、それはとんでもない課題でした。そうしたことすべてを止めるだって？　私が？　その言葉を耳にするや、私は本能的に吹き出してしまいました。それから、私は、けっして分かってもらえないお医者さんたちに挨拶し、大変丁重に彼らを私の次の演奏会に招待しました。彼らはきっと来るだろうと思っていましたし、実際、私は演奏会の後で彼らが私の楽屋にぶらぶらやって来るのを目にしました。彼らは、やって来ると、私に挨拶し、彼らが聴いたものについて礼を言い、こう言ったのです。「マエストロ、あなたの言うことは正しかった。指揮を続けられた方が良いでしょう！」と。私はすぐに体調が良くなったのを感じて、すべてを水に流し、それ以来悟ったのです。私のためになるように、いつもお医者さんたちを私の演奏会に招待すべきだな、と！

――一九八八年八月二十五日、あなたの七十歳の誕生日を記念してタングルウッドで催されたフェスティヴァルの際、あなたは、ご自分がすでに三十五年を生命から横領したと断言なさいましたね。三十五歳の時、初めて肺気腫の診断を下されたからですが。それなのに、それらの年月すべてにわたって……

L・B　あなたが何を言いたいか分かりますし、たとえ、ひじょうに運の良い人間だと実際私が思っているにせよ、運が良かったと答えるのでは余りにも安易でしょうね。子供の頃、私は活気のない少年でした。今、私は生命に恐ろしいほど恋焦がれている老人で、絶えず生命に酔っています！　私にはまだ作曲すべき音楽が沢山あります。音楽は私の生命であり、私の生命、それは音楽です。単純でしょう？　違いますか？　今まで、私は一瞬の休む暇もけっして自分に与えることなく、無我夢中で生きてきました。子供の頃、私の家族は最初止むを得ない事情で絶えず引っ越しをしていて、私は家族について移動していましたが、その頃から、そしてその後の情熱と芸術の歳月すべてにわたって、私はつねに何か良いものを作り出そうと努めて生きてきました。

――後悔なさっていることは？

L・B　ええ、私の妻の死のことでは。私は、私の妻フェリシア・モンテアレグレのことでは後悔しています。たとえ彼女の思い出が今でもなお私を苦しめるにせよ、それでも、私は生き続ける力と意志を持てたわけですけれど。フェリシアと私は三十二年間の結婚生活を送り、私たちは、四年ほどの短い別居期間はありましたが、素晴らしい人生を送り、互いにぴったりと結ばれていました。別居期間の後、私自身が彼女なしでは、フェリシアが私の傍らに居てくれなくては、家族なしでは、生きていられなくなり、そんなわけで、私たちは元通りになったのです。

――奥様の死後、すでに十二年の年月が過ぎ去っていますが……

L・B　二年前、私は彼女の死後十年経ったのを機に、彼女の思い出に捧げて、モーツァルトの『レクイエム』の大変見事な演奏を指揮しました。マリー・マクローリン、マリア・ユーイング、ジェリー・ハドレー、そしてコウネリウス・ハウプトマン、バイエルン放送合唱団、バイエルン放送交響楽団が参加しました。その演奏の録音はすでに発売されていて、ディスク・ジャケットには、オネゲルの『火刑台上のジャンヌ・ダルク』のジャンヌを演じた時のフェリシアのポートレイトが使われています。素晴らしいディスクで、私は特別愛着を感じていますし、彼女が亡くなって間もなく、私の六十歳の誕生日を記念して友人たちが催してくれたフェスティヴァルで、ベートーヴェンの『三重協奏曲』を指揮せざるを得なかった時とはまったく異なる精神状態で録音されています。

――その六十歳記念の演奏会の思い出は？

L・B　あの晩、一九七八年八月二十五日、私は大変つらかったし、落ち込み、意気消沈して、要するに、何の理想もなく生気もない少年に戻っていたように記憶しています。フェリシアがこの世にいなくなって、すでに二か月経っていました。私にはもはや自分が自分だと分からなくなっていましたし、私の友人たちは別人に接しているように思っていました。私は完全に絶望していて、死んだも同然だったのです。私の友人たちは、私が勇気を取り戻し、もう少し自分自身や生命に対する信頼感を回復するよう、出来るかぎりのことをしてくれました。けれども、真実が厳しく、剝き出しになっている時、それを隠したり、忘れたりすることは不可能です。私の妻が亡くなってわずかの日々しか過ぎていなかったのです。

——演奏会は奥様が亡くなられる前に発表されていたのですか？

L・B　演奏会はずっと前から計画されていましたし、逃げ出すことはまったく不可能でした。皆が私を待っていました。しかし、それは私にとって大変つらいことでしたね！　私は心の動揺を禁じ得ないままそれに臨みました。少なくとも、私の周囲にいた友人たち、ユーディ・メニューヒン、ローレン・バコール、アンドレ・プレヴィン、ムスティスラフ・ロストロポーヴィチそしてアーロン・コープランドに感謝するために。コープランドが私の交響曲第一番『エレミア』の最終楽章を指揮し、クリスタ・ルードヴィッヒがその声楽パートを担当してくれましたが、それは私がそれまで耳にした同楽章のもっとも素晴らしい演奏のひとつでした。地球の半分の人たちがテレビの同時放送でその夜の演奏会を追っていたので、微笑まなければならなかったのですが、私は泣きたい思いでした。リリアン・ヘルマンがフェリシアを思い出しつつ語ったことには大変心を打たれました。そして最後にベートーヴェンの『三重協奏曲』を指揮する番になりました。指揮台に上がる時、私は世界全体が私の頭の上に崩れ落ちてくるかのような気がしました。

そして、私はもはやかつてそうであったような指揮者ではなく、ベートーヴェンが誰であるかも、私がしようとしていることが何を意味しているのかも分からなくなっていました。

――フェリシアはどのような女性だったのですか？

L・B　私はかつてどんな女性もフェリシアのように愛したことはありません。それは輝かしく、優しく聡明な人で、天使そのものでした。それに、彼女は優れたピアノ奏者であり、素晴らしい俳優でした。彼女と一緒に、私はひとつの夢以上のものを実現しましたし、オネゲルの『火刑台上のジャンヌ・ダルク』のオルレアンの乙女を演じる彼女や、私の交響曲第三番『カディッシュ』で彼女が語り手を務めた時のことはけっして忘れられないでしょう。しかし、亡くなる少し前に、何かしっくりいかなくなったところがあって、私たちはしばらく互いに遠ざかっていることにして、それから、突然、亡くなる数か月前に再会したのです。私は彼女の病気をまったく知りませんでした。彼女は私に何もかも隠していたのです。六月十六日というあの呪われた日以降、一九七八年は私の生涯で最悪の年でした。私にはもう指揮することも作曲することもできませんでしたし、絶えず一種の罪悪感に責め苛まれていました。そうした感情を私はいまだ完全には拭えないでいます。彼女の病気の引き金を引いたのは私だったのか？　その可能性はあったか？　癌が道徳的な苦しみから引き起こされはしないと誰が断言できるでしょう？　皆はいつだって私にそんなことはあり得ないと言いました。でも、誰も、もっとも有名なお医者さんたちですら、私の予感を打ち消し、そうした仮定を退けることはできませんでした。彼女の死は私に責任があると感じています。

——あなたはどのようにして音楽に戻られたのですか？

L・B　私の子供たちや妹のシャーリーと数か月過ごした後、私たちは、クリスマスに、ジャマイカに行くことに決めたんです。実際には、私はそこに行かなくて済むようあらゆることをしました。そうする気はまったくありませんでしたし、私はひとりで残っていたかったのです。でも彼らは最後には私を説き伏せ、私は彼らについて行きました。ともかく、私には本当にどうしていいのか分からなかったのです。ジャマイカで、少しずつ、私は生き返りました。それまでまったく思ってもみなかったのですが、その休暇は私にとって救いであり、自信回復であり、希望、再生、生命でした！　海、自然とその物音や香りや色彩は、私の元気を回復させてくれました。ちょうど、子供の頃、音楽の発見が私を丈夫にしてくれ、生命にしがみつくことを私に可能としてくれたのと同じやり方でね。そのようにして、新たに、私は、昔のように、そして昔以上にすら、音楽の必要を感じるようになったのです。

——あなたの音楽家としての生活に、敢えて言わせていただくなら、いくらか休息を必要とする時期がやって来たとはお考えになりませんか？

L・B　自分は年老いているし、余命いくばくもないということを十二分に承知しているにせよ、私には、自分が本当に世間との接触を絶てるとは思えないのです。ただ心安らかに死にたいとだけ、つまり、音楽から遠ざからず、つねに私自身でありたいとだけ願っています。けれども私は、自分が妻と同じ道を走っていることを確信していますし、自分は彼女の歩みに倣っているんだと意識しています……いつの日か、私は死という、モーツァルトが言っていたような、私たちの「親愛なる友」に出会わなければならないでしょう。私の妻よりもずっと沢山、私はお酒を飲み、煙草を吸い、指揮している時ばかりか私生活においても同様に、狂ったように暴れます。それが、現実なんです。そうしたことはすべて、すでに不安定なものになっている私の健康状態を悪化させるばかりだということを十分承知しています。けれども、もし私が今、突然、煙草を吸ったりお酒を飲んだりするのを止めたら、私は明日には死んでしまうでしょうし、あなたは私の次の演奏会にではなく、私の葬式にいらっしゃることになるでしょう。今さら、私をそれらの習慣から引き離すことはできないのです。

——もう指揮はしないということをお認めになれますか？

L・B　いいえ、そうできるとは思いません。でも恐らく、いつかは認めることになるでしょう。私たちは皆、遅かれ早かれ、何らかのやり方で、そうした試練を通り抜けなければならないんです……

——ご自分のおっしゃっていることに十分確信があるようには思えませんが……

L・B　もし、いつの日か私がオーケストラの指揮を断念するとしても、それは私が音楽を断念することを意味するのでは断じてありません。音楽のない人生など、私にとって、もはや人生とは言えないでしょう。音楽に捧げられた私の人生は、つねにオーケストラの指揮によってと同じくらい作曲によって決定されてきて、両者は密接に関わり合っています。作曲と指揮は二つの異なる世界あるいは芸術ではありません。ともかく、私は作曲家として生まれついたし、何よりもまず、ひとりの作曲家であったし、指揮をしながらではなく、作曲をしながら死にたいんです。ですから、私は、ミトロプーロスのように、指揮台の上ではなく、作曲をしながら死にたく思っています。それでも、指揮棒をしまわなければならないと考えるのは、私にとってとても辛いことです。ひとつの新しい作品――オーケストラのための作品であっても、ピアノのための作品であっても、何だって構わないのですが――を作曲し終えると、私はそれをできるだけ早く、聴衆の前で指揮したり、あるいは演奏したりしたいという欲望に駆り立てられ、それが実現しないと気違いのようになるんです。それに、私に言わせれば、作曲家というものは、自分の書くものを指揮できなければなりません。そのような理由から、私はいつも、作曲しなくては、したがってまた、指揮しなくては自分は生きていられないと言うのです。でも、遅かれ早かれ、仕方なく、自分が止めなければならなくなるだろうということは承知しています。もう昔のようには指揮できませんからね。

――ということは?

L・B　しばらく前から、私は演奏会の間に以前にも増して苦しい思いをしますし、予想以上に疲れ、規則的に呼吸するのに困難を覚えるようになっています。ですから、お医者さんたちの執拗な忠告を肝に銘じるべきなのでしょうし、今後、演奏会の回数はずっと少なくなると思います。すぐにまったく断念はしないとしてもね。それが人生というものですし、人生をあるがままに受けとめる術をわきまえなければなりませんから。私の方は、相変わらず、人生、この人生を狂おしいほど愛している人間です。私は休息を必要としているし、年老い、疲れ、病に冒されていますす。でも、私の言葉を信じて欲しいのですが、私にはまだ言うべきことが他にもあるのです、この世で！

バーンスタイン略年譜

一九一八年　八月二五日、アメリカ合衆国マサチューセッツ州ローレンスに生まれる。
一九二八年　フリーダ・カープから初めてピアノのレッスンを受ける。
一九二九年　ボストン・ラテン・スクールに入学。
一九三一年　ニューイングランド音楽院で、スーザン・ウィリアムズにピアノを習い始める。
一九三二年　ハインリヒ・ゲプハルトと、特に彼のアシスタントを務めていたヘレン・コーツにピアノを習うようになる。
一九三四年　ボストン・パブリック・スクール・オーケストラとグリークのピアノ協奏曲の第一楽章を演奏。ピアノ奏者としてのデビューとなる。
一九三五年　ハーヴァード大学音楽学部に入学。
一九三七年　ケンブリッジのサンダース・シアターで、ステート・シンフォニー・オーケストラとラヴェルのピアノ協奏曲を共演。アーロン・コープランド、ディミートリ・ミトロプーロスと知り合う。
一九三八年　自作を盛り込んだピアノ・リサイタルを催す。
一九三九年　ハーヴァード大学卒業。アリストファネスの『鳥』の付随音楽を作曲・指揮。フィラデルフィアのカーティス音楽院に入学。フリッツ・ライナーに指揮法を、イザベル・ヴェンゲローヴァにピアノを、ランドル・トンプソンにオーケストレーションを学ぶ。
一九四〇年　夏、タングルウッドのバークシャー・ミュージック・センターで、セルゲイ・クーセヴィツキーに指揮法を学び、学生オーケストラの演奏会で、ランドル・トンプソンの交響曲第二番を指揮。
一九四一年　カーティス音楽院卒業。この年の夏もタングルウッドで過ごす。
一九四二年　『クラリネットとピアノのためのソナタ』を完成・初演。同作品は出版された最初の作品。戦時下のタングルウッドにクーセヴィツキーの副指揮者として参加。
秋、ニューヨークに転居。連作歌曲に『私は音楽が嫌い』の作曲を開始、また交響曲『エレミア』を完成。
一九四三年　ニューヨーク・フィルハーモニックの副指揮者に就任。十一月十四日、カーネギー・ホールにおける演奏会でブルーノ・ワルターの代役を務める。
一九四四年　『エレミア』『ファンシー・フリー』『オン・ザ・タウン』初演。
アメリカ主要都市で客演指揮者として活躍し始める。
一九四五年　ニューヨーク・シティ交響楽団の音楽監督に就任（四七年まで）。
一九四六年　ヨーロッパに初めて出かけ、プラハ、ロンドンで指揮。『ファクシミリ』初演。
一九四七年　独立戦争下のイスラエルを初訪問。その後フランス、ベルギー、オランダでも指揮。
一九四八年　イスラエル・フィルハーモニー管弦楽団の音楽監督となる（四九年まで）。
ミュンヘン、ブダペスト、ウィーン、ミラノ、ローマで初めて指揮。
一九四九年　クーセヴィツキーの指揮するボストン交響楽団と作曲家自身のピアノ独奏で『不安の時代』初演。またメシアンの『トゥランガリラ交響曲』の初演を指揮。

一九五〇年　『ピーター・パン』初演。
一九五一年　フェリシア・モンテアレグレと結婚。
一九五二年　『タヒチ島の騒動』初演。長女ジェイミー誕生。
一九五三年　『ワンダフル・タウン』初演。ミラノのスカラ座で『メデア』を指揮。
一九五四年　カザン監督の映画『波止場にて』のための音楽を作曲。ヴェネツィアで『セレナード』の初演を指揮。アメリカのテレビ番組「オムニバス」で初のテレビ番組の企画・出演。
一九五五年　長男アレクサンダー誕生。
一九五六年　『キャンディード』初演。ニューヨーク・フィルハーモニック管弦楽団の首席指揮者となる。
一九五七年　『ウェスト・サイド・ストーリー』初演。ニューヨーク・フィルの音楽監督となる。
一九五八年　「青少年コンサート」の指揮を始める。
一九五九年　ニューヨーク・フィルとヨーロッパ・ソ連を巡演。最初の著書『音楽のよろこび』（邦訳、吉田秀和訳、音楽之友社、一九六六年刊）を出版。
一九六〇年　マーラー生誕百周年記念コンサートを指揮。
一九六一年　ニューヨーク・フィルとともに初来日。映画『ウェスト・サイド・ストーリー』封切られる。
一九六二年　次女ニーナ誕生。リンカーン・センターのフィルハーモニック・ホール（現在のアヴェリー・フィッシャー・ホール）の落成記念演奏会を指揮。
一九六三年　交響曲第三番『カディッシュ』の初演を指揮。

一九六四年　メトロポリタン歌劇場でヴェルディの『ファルスタッフ』を指揮。
一九六五年　『チチェスター詩篇』初演。
一九六六年　ロンドン交響楽団、ウィーン・フィルと初めて共演。ウィーン国立歌劇場で『ファルスタッフ』を指揮。
一九六七年　CBSレコードのためにマーラー交響曲全集を録音。
一九六八年　ウィーン国立歌劇場で『ばらの騎士』を指揮。ニューヨーク・フィルとヨーロッパ諸国・イスラエルを巡演。
一九六九年　ニューヨーク・フィルの音楽監督を辞任。終身桂冠指揮者となる。
一九七〇年　ニューヨークの自宅でブラック・パンサー党の資金調達の会合が開かれる。ウィーンで『フィデリオ』を指揮。
一九七一年　ユニテルと音楽演奏フィルム契約を結ぶ。ワシントンのJ・F・ケネディ・センターの落成記念演奏会で『ミサ』を初演。
一九七三年　ハーヴァード大学のチャールズ・エリオット・ノートン講座で六回の講義。ローマ法王パウロ六世のためにバチカンでローマ放送交響楽団の演奏会を指揮。
一九七四年　バレエ『ディバック』初演。ニューヨーク・フィルと再来日。
一九七五年　ザルツブルク音楽祭に初登場し、ウィーン・フィルと共演。
一九七六年　『ペンシルヴェニア・アヴェニュー一六〇〇番地』初演。
一九七七年　ロストロポーヴィチに捧げられた『スラヴァ！　政治的序曲』、『ソングフェスト』、『「ミサ」からの三つの瞑想曲』初演。
一九七八年　フェリシア・バーンスタイン死去。

一九八〇年　ボストン交響楽団からの委嘱作『ディヴェルティメント』、小澤征爾の指揮で初演。ケネディー・センター賞受賞。
一九八一年　フルート協奏曲『ハリル』初演。
一九八三年　オペラ『静かな場所』初演。ドイツ・グラモフォンが『ウェスト・サイド・ストーリー』を録音。
一九八五年　広島での原爆投下四十周年記念平和式典に参加。
一九八六年　ロンドンのバービカン・センターでバーンスタイン・フェスティヴァル。第一回シュレスヴィヒ・ホルシュタイン音楽祭開催。『ジュビレー・ゲームズ』初演。
一九八八年　『アリアとバルカロール』初演。タングルウッドで七十歳を祝う祝賀会。
一九八九年　『オーケストラのための協奏曲』初演。ワルシャワで開かれた「一九三九年九月一日」メモリアル・コンサートに参加。『キャンディード』を指揮・録音。クリスマスにドイツ再統合を祝う「フリーダム・コンサート」を指揮。
一九九〇年　バイエルン放送交響楽団および合唱団とモーツァルトのミサ曲ハ短調を録画収録。札幌郊外でパシフィック・ミュージック・フェスティバルのために六月に来日。八月十九日、タングルウッドでボストン交響楽団と最後の演奏会。十月十四日午後六時十五分、肋膜腫瘍と進行性肺気腫による心臓麻痺のため死去。

監訳者あとがき

中国は清代、乾隆帝のころに書かれた『浮生六記』という、僕の大好きな小説がある。かつて林語堂がその女主人公を目して、中国文学史上に登場する最も愛すべき女性と評したことがあるそうだが、まことにもっともと思われる。『紅楼夢』風の、細《こま》やかな男女間の情の綾を描いている。しかしむろん『紅楼夢』が大小説で、その点では『水許伝』とも同巧だが、天上の星が地上に降《くだ》って来て、一時のあいだ仙界を忘れ、人間の感情に身を任かせるといった、老荘思想というか、一種の哲学的な結構があったり、また当代の政治諷刺の仮託であるという読み方も出来るとか、傑作だけに複雑な内容を含んでいるのに対して、『浮生六記』の方は、そんな大それた作品ではない。なんということはない一庶民、小役人をやったり、時には少しばかり商売に手を出す（そして失敗する）ような一介の市井の読書人が、自分の妻との愛情や人生の浮き沈みを、気取らず有りのままに語ったところが、形式に重きをおく中国文学作品には珍しく写実をうがって新鮮、情感豊かに、数少ない自伝文学の佳作となっている。

さてその『浮生六記』を、残念ながら中国語の原文で読むという芸当はとてもできない僕が知ったのは、今から十年ほど前、たまたま三鷹の古本屋で見付けた岩波文庫の翻訳のお陰である。それは古びた昭和二十二年刊行ザラ紙の第五版、第二次大戦直後の昭和二十二年でも、初版（昭和十三年、今ではもう絶版であろうか）をそのまま踏襲して旧仮名遣い。それがまた僕なぞには原文の味わいに近いような気がしてしまうのである。訳をされたのは、前出『紅楼夢』の訳者としても知られる松枝茂夫氏なのだが、松枝氏の名前に被《かぶ》せて佐藤春夫の名が共訳者として見える。佐藤は谷崎潤一郎などと同じ世代だから、むろん漢文の素養は十分あったろうし、中国語そのものも話せたのかも知れない。しかし『浮生六記』を流暢な日本語に訳せるほど達者であったかというと、やや疑いが残る。そこで本文を読んで感に堪えた後で、佐藤の「はしがき」を読んでみたら、疑問は氷解した。曰《いわ》く「予（＝佐藤）のこの篇に對する愛はせめて坎坷記愁（＝本文第三巻）だけでも、禿筆を揮つて見たい志はありながら事に紛れて意を果さず愈々といふ際には北支の旅に出なければならなかつた。歸來これを質すに、言に訥に行に敏な松枝の明快流麗な譯文は成つて既に梓に上してあつた。徒勞とは信じながらも共訳者の義務としてゲラと原文とを對照一讀して二三の愚見を開陳し校正の筆を執つたばかりである。名は共訳でも實は松枝の勞によつて完成したのである。然も、松枝氏が尚予に名を連ねよと言はれるのは始め予がこの譯書を志してゐたのを無視したくないといふ禮譲の心であらうか。予も亦この因縁を喜んで名を署すると同時に事実を記して序に代へ、以て松枝氏が功業と勞苦とを明かにする。」もうこれだけで十分と思うが、蛇足までに解説すれば、佐藤がこの書を読み、愛して、邦訳を考え、しかしその難事に訳しあぐねていた（同じ「はしがき」の冒頭の部分に「これが翻譯を欲しながら事の容易ならぬに荏苒日を経た」とある）。そこへ増田渉によって松枝氏が、訳者に相応しい人物として佐藤に推薦され、松枝氏の他の中国文学作品の訳業を見た佐藤がこれを可として、「松枝學士にその完譯を慫慂した」というわけである。

こんな余談を長々と書き記したのも、事情はいささか異なるが、本訳書の成立についても、これにやや似通った経緯があったからである。本書を見出したのは訳者の笠羽君で、それもすでに数年前に遡る。笠羽君はドビュッシーを専門とする気鋭の音楽学者であるから、最初は仏訳を通してのことだったと聞いている。だが訳業はイタリア語の原本(一九九一年十二月、第三版)を底本にして、仏訳をも参照・対照の上、進められた。

いっぽう僕は、自分の研究対象がルネッサンスであるから、いちおうイタリア語もフランス語も読むが、音楽は専門ではない。その僕に共訳者になれという話があったのは、ローマの日本文化会館長として二年半余のイタリア滞在を終わって帰国した昨年(一九九七年)の末か今年の初めであったと記憶している。なにも僕が蛇足を加えなくとも、笠羽君が自分の仕事として訳出されれば好いといって断ったのだが、「たって」という話だったし、またいろいろ事情があって断り切れず、引き受けた。しかし、これまた諸種の経緯が重なって、僕が本書のイタリア語原本を初めて手に取ったのは本年十一月も半ば過ぎ、しかも刊行予定は年内という。これではいくらなんでも時間がなさ過ぎて、僕としてもどうすることも出来ない。

もっとも笠羽君の訳校は、その時点で既にほとんど完成していた。かつまた付言すれば、バーンスタインとの対話者で、本書の著者でもあるカスティリオーネ氏の文体は、ギリシャ・ラテン古典教育を受けたイタリア人によく見られる、美文調の、どちらかといえば内容より響きのよい形容詞を連《つら》ね、また関係詞を多用し、連《つら》ねるにしたがってイメージがいろいろなところに増殖・発展して行くタイプ。原文で読めば上から読み下して行けばよいので、それなりの面白さはあるが、動詞が文末にくる日本語に訳すとなると「係り結び」を把握するのが大変で、四苦八苦という類《たぐい》の文章である。しかし幸いなことに、本文は大部分がバーンスタインとの対話であり、しかも五分の四以上が主役バーンスタインの発言で、こちらは「ざっくばらん」。かつ会話では文章が短く、美文に凝る傾向もずっと少なくなるから、その分だけ翻訳の仕事は紛《まぎ》れが少なくなる道理である。

と、それやこれやで、本文の訳については笠羽君の仕事で、佐藤春夫ではないが、僕は「ゲラと原文とを對照一讀して二三の愚見を開陳し、校正の筆を執ったばかり」である。訳業として僕が担当し、直接に訳出したのは、冒頭のカスティリオーネ氏の「序文」および「第三版への序文」と、諸家がバーンスタインの死を悼《いた》んで寄せた「バーンスタインに寄す」の部分に過ぎない。よってそのことをここに明記し、訳の分担ならびに責任の所在を明確にしておく次第である。

一九九八年十二月七日　西本晃二記

訳者あとがき

本書は BERNSTEIN (Leonard)／CASTIGLIONE (Enrico), *Una vita per la musica*, (Roma, Editoriale Pantheon, 1/marzo 1991, 3/dicembre 1991) の邦訳である。一九九〇年十月十四日にレナード・バーンスタインが七十二歳の生涯を閉じてからすでに八年。今年（一九九八年）は彼の生誕八十年にあたるということもあって、世界中のあちこちで、バーンスタインの活動を偲ぶさまざまな催しが行われたり、雑誌で記念特集が組まれたり、書物やディスクが出たりしているようである。

二十世紀後半のもっとも活力に溢れ、多くの人々を魅了してきた音楽家のひとり、バーンスタインという人物について、またその作曲家・指揮者・ピアニスト・教育者・著述家としての活動については、ここであらためて述べるまでもない。訳者にとっても、バーンスタインの名は、日本で封切られた直後に観た（けっして映画マニアの子供でも、ロック・ベイビーでもなかったのだが）映画『ウェスト・サイド・ストーリー』とともに記憶に焼きつけられ、アメリカでテレビ放映されているという「青少年コンサート」への憧れ、その後手にしたバーンスタインの著書『音楽のよろこび』の邦訳やレコードを通じて、音楽家バーンスタインに対するイメージは少しずつ豊かになっていった。とはいえ、「音楽とは何か」という「答えのない問い」を駄々っ子のように自分に発しつつ、本書でも問題になっている、いわゆる「クラシック音楽」の世界に迷い込み、溺れかけたり、またさまざまな民族音楽の世界に接したり、日本の伝統音楽の催しに出向いたり、友人に「今頃⁉」とあきれられる歳になってからジャズ・クラブに足を向けたり、要するに、多少順序が前後しても、音楽を愛する人々の多くがしているような生活を長年続けている間、つねにバーンスタインの熱心かつ忠実な信奉者・観察者だったわけではない。

むしろ疎遠だったバーンスタインの音楽活動にあらためて注目し始めたきっかけも『ウェスト・サイド・ストーリー』であり、バーンスタイン自身の指揮による録音風景を収録したヴィデオで、齢を重ねてなお、一層情熱的に音楽を作り、生きている彼の姿だった。もっとも、いつかじっくりと思っているうちに、時はあっという間に過ぎ去り、一九九〇年夏、来日中に倒れたというニュースを耳にし、秋にはその訃報に接することになってしまったのだが。その後、故武満徹氏に勧められてガーシュインのドキュメンタリー・レーザー・ディスクを観たり、二十世紀のヨーロッパとアメリカの音楽界の関係を考えてみたり、勤務先の早稲田大学で学生諸氏のジャズやブルース、ロックンロールを含む実に多彩なゼミ発表を聞き、意見を交換したり、さらにある時からふと思い立って、一九三〇年代後半から五〇年代に作られたアメリカ映画のヴィデオを、そして無論バーンスタインの指揮する音楽レーザー・ディスクを観ていくうちに、さまざまな媒体を通して生前のバーンスタインに出会い、またその作品に出会う機会は少しずつ増していった。

一九九六年、ピエール・ブーレーズの『現代音楽を考える』の翻訳作業が一段落した後（青土社、一九九六年刊）、パリの本屋で本書のフランス語訳 *Le partage de la musique,* (traduit de l'italien par Thierry Laget, Paris, Belfond, 1993) を見つけ、一気に読んでしまったのは、今考えると、そのようにして少しずつ積み重ねられたバーンスタインとの再会の機会が影響していたのではないかと思う。ニューヨーク・フィルでバーンスタインの後任を務めたこともあるブーレーズとバーンスタインとの関係、両者の考え方や立場の違いをここで詳述するつもりはないし、ましてや、誰の考え方や行動の仕方が「絶対正しい」といった判断を下す資格が訳者にあるとも思わない。異なる社会・文化環境に育ち、異なる個性を持った、創造力豊かな人間が、異なった方法あるいは異なる次元で音楽を語るのを、読者はそれぞれの体験に応じて受けとめ、自らの音楽観を磨いていけば良いのではないだろうか。

バーンスタインの遺した多数のディスクや映像は、現在日本でも比較的容易に入手でき、つねにできるだけ多くの人々に可能な限りさまざまな手段を通じて「伝えよう」とつねに努めてきたバーンスタインのこと、それらの映像のいくつもの中で、音楽を、人生を、政治を語るバーンスタインに接することもできる。どうか、巻末に付したディスコグラフィーなども参考に、バーンスタインの音楽やその演奏・指揮活動を堪能していただきたい。また、バーンスタインについての伝記としては、長年バーンスタインと仕事を共にしたハンフリー・バートンによる詳細な伝記が、原著の出た一九九四年中にはやくも邦訳されている（『バーンスタインの生涯』棚橋志行訳、福武書店—現ベネッセ)。

本書は、インタヴューアーによる「序」にも記されているように、一九八五年から九〇年にかけて(特に一九八九年)、バーンスタインが、ローマで若い俊英音楽ジャーナリスト、エンリーコ・カスティリオーネ氏の質問に答えるかたちで行った対談を書き起こしたものである。イタリアでは、本書の他にも、バーンスタインの没後、『イタリアにおけるバーンスタイン』と題した追悼論文・資料集(*Bernstain in Italia*, a cura di Guido Salvetti, Milano, Edizioni Angelo Guerini e Associati, 1993)が刊行されており、そのおおらかに音楽を楽しもうという国民性のためばかりでもないだろうが、イタリアは、ヨーロッパの中でも、バーンスタインを早くから歓迎し、またバーンスタイン自身ひじょうに愛着を感じていた国だった。

バーンスタインの音楽生活や人生の表も裏も長年にわたって見てきた老練な評論家が差し向ける質問とは、大分趣きが異なり、本書に見出されるのは、若い世代の音楽著述家が敬愛する老境の大音楽家にストレートに発する問いかけである。その分、いわゆるクラシック音楽通には、部分的には、質問も答えも突っ込みに欠けている感が否めないだろうし、バーンスタイン通には、「また同じ答え」という部分もあることだろう。だが、死期をある程度自覚したバーンスタインが、ひとりの若者との対談を通じて、大勢の人々、とりわけ対談者と同世代あるいはもっと若い人々に向かって、最後にこれだけは率直に語っておきたい、伝えておきたいと思った事柄を、対談者はバーンスタインから上手に分かりやすいかたちで引き出し、まとめていると思う。

そのようなわけで、音楽の好きな若い方々、そして広く音楽を楽しみながら、クラシック音楽の世界にも分け入ってみたいと思っていらっしゃる方々にまず読んでいただけたら、と翻訳を思い立ち、本書のフランス語訳に基づいて仕事を進めながら、イタリア語の原著を探し、原著の出版社と連絡を取ろうとしたが、予想を越えて難航した。当時ローマの日本文化会館館長を務めておられた東京大学名誉教授（現　政策研究大学院大学教授）西本晃二先生には、原著探しの段階から最後に至るまで、さまざまなご援助をいただき、ご面倒をおかけした。ローマで音楽書店をいくつかあたっても見つからず、西本先生と本屋をたずね歩いた後も、先生はローマ滞在中折に触れて手を尽くして下さった。どこを探しても原著は見つからず、フランス語版の出版元から入手したイタリア語原著出版社の連絡先からも応答はなく、結局パリ在住の友人イヴァンカ・ストイアノヴァ女史が、今年初めに、ローマの知人を介してエンリーコ・カスティリオーネ氏の個人住所・連絡先を探してくれた。そうこうしているうちに、訳者は勤務先の大学の在外研究員として三月末に日本を離れ、パリに来てしまった。今年の六月になってようやく入手したイタリア語原著（この入手も西本先生のご助力がなければかなわなかったはずだ）と、それを待ちながらフランス語訳から作ってしまっていた下訳、そしてフランス語訳とを突き合わせ、最終的な訳文に近いものを作成した後、今度は版権交渉が長引き、結局青土社が翻訳権を取得したのは十月末のことだった。初版を用いたらしいフランス語訳には収録されていなかったアバド、ジュリーニ、レヴァイン、その他の日本でも馴染み深い音楽家たちの寄せた追悼の言葉を、直接イタリア語から翻訳したり、第三版の序文をどうしようと迷いつつ、日本を離れている不肖の弟子は、当初西本先生に共訳をお願いしておきつつ、具体的にご相談する時機も逸し、大変ご迷惑をおかけしてしまった。心よりお詫び申し上げるとともに、守護天使のように迷子の窮状に気づかれ、訳者の不手際にもかかわらず、力足らずのところを速やかに補って下さった恩師のご厚情に深謝申し上げます。いつの日にかご恩に報いられることを念じつつ。そしてストイアノヴァ女史にも謝意を表しておきたい。

なお、巻末の略年譜は、日本の読者の利用を考えて、原著に付されたものを参考に作り直してあることをお断りしておく。最後に、ディスコグラフィー作成にあたって協力して下さったポリグラム株式会社の渡辺潤子さん、ソニー・クラシカルの小山哲史氏、そして企画の段階から最後まで諸々の面倒を一切快く引き受けて下さり、苦労を共にして下さった青土社編集部の水木康文氏に深くお礼申し上げる。

一九九八年十二月九日、パリにて　　笠羽映子

新装版に寄せて

邦訳書の初版が出てからほぼ二十年の歳月を経て、今年はレナード・バーンスタイン生誕百年ということもあり、新装版（第二版）を出していただけることになった。

原著の初版はバーンスタインが世を去った翌年に刊行され、編集者の「序」に続いて、マエストロの死を悼む著名な音楽家たちの言葉が「バーンスタインに寄せて」と題して収録されているが、訳者の恩師、西本晃二先生が訳出してくださったその部分を読み直しつつ、アバド、ガヴァッツェーニ、ジュリーニ、ロストロポーヴィチの諸氏もすでに故人となり、レヴァインもパーキンソン病その他の理由で今や第一線を退いたようだし、歌手のホーン、テ・カナワは健在だが引退してしまっていて、ひとつの時代が終わったという感慨を禁じ得ない。音楽界ばかりではなく、それを支える社会が全世界的に変化していると言うべきかもしれない。アメリカ合衆国ひとつを取っても、バーンスタインが活躍していた時代とは随分異なる様相を呈しているのではないだろうか。

とはいえ、バーンスタインが遺してくれた音楽作品のスコア、数多くの録音・録画、著作は、今なお二十世紀後半の西洋音楽界の一端を生き生きと伝えてくれ、私たちに音楽とは何かを問い直すきっかけを与え続けていることは確かである。

ささやかな本書が、多くの方々にバーンスタインという二十世紀の巨星を一層広い視野のもとで捉え直す一助となれば幸いです。

なお、初版の巻末に付したディスコグラフィーに関しては、その後のレコード界の再編や新しいメディアの登場などを考慮して、新装版では割愛させていただいた。当初のディスコグラフィー作成にあたって協力してくださった方々に今一度感謝しておきたい。

笠羽映子

二〇一八年二月末日

人名（＋曲名）索引

本文に登場する人名をひろい、曲名は作曲家の小項目に含めた。

ア行

カ行

サ行

タ行

ハ行

マ行

ヤ行

ラ行

ワ行

バーンスタイン 音楽を生きる
新装版

2018年４月25日　第１刷印刷
2018年５月１日　第１刷発行

著者――レナード・バーンスタイン／エンリーコ・カスティリオーネ
監訳者――西本晃二
訳者――笠羽映子
発行者――清水一人
発行所――青土社
東京都千代田区神田神保町1-29　市瀬ビル　〒101-0051
［電話］03-3291-9831（編集）3294-7829（営業）
［振替］00190-7-192955
印刷・製本――ディグ

装幀――郷坪浩子

ISBN978-4-7917-7067-0　PRINTED IN JAPAN